新手父母

教孩子可以不生氣

不打不罵卻效果加分的正面教養法

兒童及家庭關係執業心理學權威醫師 &
《10天內,培養專注力小孩》暢銷書作者

傑佛瑞・伯恩斯坦 博士◎著
鄭清榮◎譯

推薦文

愛孩子，也要喜歡孩子

◎專業職能治療師　張旭鎧

從事臨床職能治療十多年，除了處理孩子基本的生理問題之外，也常常和家長討論到親職教養的話題，我們都深信所有的家長都是愛孩子的，而且所有的孩子也知道爸媽是愛他們的，但是父母們卻依然對於孩子的不配合或是搗蛋行為大傷腦筋。其實我正在為孩子不肯好好收玩具大傷腦筋，這本書給了我解決之道！

所有的孩子都知道爸媽是愛他們的，因此媽媽再怎麼兇也一定是愛他的，所以孩子不斷的測試媽媽的底線，直到媽媽抓狂喊出「我再也不愛你了！」在這本書中您會知道當您「愛」著孩子，卻又不「喜歡」他的行為時應該如何調適自己的情緒、重新面對孩子的表現，並且從平常就改正自己的「有害」想法。

在這本書中，我特別喜歡「父母挫折感症候群」一詞，雖然是醫學專有名詞，但卻明確地點出這群深愛孩子卻又被孩子行為所苦的家長們，唯有仔細把這本書讀完，大家才可以脫離這個「病症」！之前讀過作者的《10天內，培養專注力小孩》，讓我在撰寫《5分鐘玩出專注力》時特別從家長的角度來看待孩子，今日又有榮幸讀到新的著作，相信可以幫助父母輕鬆教養孩子不抓狂！

專家推薦

冷靜以對！真心喜歡你所愛的孩子！

「這本書可以幫助為人父母者改善他們對孩子的想法和感受，並解決父母與孩子之間的問題。他提出的策略既務實又具體，也很有效。我鄭重推薦給父母與輔導父母的專業人士，這本書也讓我們學到一個重要觀念：『與孩子建立良好的關係的關鍵是你，而不是你的孩子。』」

◎朱迪斯・貝克（Judith S. Beck），貝克認知療法與研究所主任，賓州大學精神病心理學系臨床副教授

「作者以理解和善意的態度，讓做父母的人不得不承認羞於同意的這種想法：有時候我們的孩子會讓我們抓狂。而且，我們也不很喜歡孩子。既是一位父親同時又是擁有執照的心理學家傑佛瑞・伯恩斯坦博士透過這本書，讓做父母的人了解有害的想法在助長孩子發生偏差行為上所扮演的重要角色。如果你想改善與增強與孩子的關係，這是一本必讀的書。

◎珍妮・艾里姆與唐・艾里姆（Jeanne Elium and Don Elium），著有符《養兒育女》。

「傑佛瑞．伯恩斯坦告訴我們很多容易吸收又深具洞見的教養訣竅，將會改變我們看待孩子的所作所為以及他們為什麼有那種作為的想法。這本書不只讓你對教養工作更滿意，而且，也會讓你對人生更滿意。」

◎美娜．舒爾（Myrna B. Shure），著有《培養會思考的小孩》。

「體驗父母的『愛』與體驗父母的『喜歡』之間的界限可能很模糊，但是，如果家庭要健康和有意義的發展下去，這兩個都是很重要。本書中，作者以溫和卻有技巧的方式，指導父母如何面對教養時會遇到的諸多情緒挑戰。這本書也列舉很多孩子偏差行為的個案，並提供相關實用和有智慧的因應策略。」

◎布萊德．薩克斯（Dr. Bard Sachs），著有《完美無缺的孩子和青少年》。

「我真誠地推薦這本書。因為他指出一項非常重要的前提：雖然我們愛我們的孩子，但有時候我們卻也不喜歡我們的孩子。的確，事實上，愛我們的孩子比喜歡我們的孩子還容易。作者透過這本書幫助做父母的人可以在孩子最難管教的時候保持冷靜，並且，也奠定父母對孩子更有同理心的基礎。

◎南希．薩梅琳（Nancy Samalin, MS），著有《只愛你的孩子還不夠》、《愛與憤怒：父母親的兩難困境》。

「做父母的人沒人想要被自己的孩子搞到快抓狂。這本書提供做父母的人一條既有創見又可行的教養工作參考路徑圖，它讓你能擺脫對孩子的有毒想法。當良性的轉機開始啟動，想做個能愛孩子和稱職的那些父母就知道該做什麼和想什麼了。」

◎塔馬爾．錢斯基（Tamar E. Chansky, PhD.），著有《幫助你的孩子排除負面的想法》與《幫助你的孩子解除焦慮》。

「傑佛瑞．伯恩斯坦補上了教養工作拼圖中消失的一大塊：即父母對孩子的感覺，在某個程度上是由父母對孩子的想法所決定。而且，父母的想法有時候可能相當荒謬！這本書也提供許多父母解決苦惱情緒的策略，並讓家庭更幸福。」

◎湯瑪斯．斐倫（Thomas W. Phelan, PhD.），著有《我數到三喔》。

「讓做父母的人承認，他們並未一直喜歡他們的孩子。在此，我鄭重推薦這本書給那些在孩子還沒變得很難管教之前，就想要離家出走或躲進浴室的父母。這本書可以治療為人父母的『父母親挫折感症候群』。這本書也能讓你找出並避開可能危及你與深愛的孩子之關係的破壞性的想法和行為。」

◎克倫．迪爾維斯特（Karen Deerwester），著有《沒有特權的孩子》。

「傑佛瑞．伯恩斯坦細數自己與孩子相處時的喜悅與種種考驗。作者開放的態度，讓這本有趣又有思想的書更顯得確實可靠和清晰易懂，對那些有時候會跟自己說：『我不敢確定是否喜歡我所愛的孩子』的父母，鄭重推薦這本書，這是一種令人愉快、可邊學邊做的體驗。」

◎佛斯特．克萊恩（Foster Cline），著有《培養孩子的責任感》。

「你可能因為孩子的行為和情緒而感到精疲力盡，甚至自責內疚，現在起，你可以跟這樣的日子說再見了。這本書能幫助你了解你的挫折感，並走出教養工作的情緒困擾。現在，你可以展開雙臂迎接與孩子維持緊密的連結關係，不必等到孩子長大了、離家之後才保有那種緊密的關係。」

◎蘇珊．紐曼（Susan Newman, Ph D），著有《讓孩子覺得每天都很特別》。

「身為兒童文學與青少年文學作家，我花很多時間了解小孩和青少年的內心想法。過去幾年來，我從訪談他們的過程中獲得很多這方面的資料，但我家裡的那些小鬼卻仍讓我吃盡苦頭。

如果真理要廣為人知，我實在無法放下這本書。剛開始閱讀的第一個小時，我一面讀一面作筆記。喜歡你所愛的孩子比我們所想的還難，而且，我們也不會同意這一點。但是，我無法相信做父母的人不曾遇上喜歡或愛你的孩子的兩難困境。這是一本可以讓許多做父母的人受益良多且容易消化的書，即便是你已經看過很多關於教養方面的書籍。在此，我願意向所有那些喜歡他們所愛的孩子的父母親鄭重推薦這本書。」

◎奥黛莉．潘恩（Audrey Penn），著有《向分離的焦慮說拜拜：魔法親親》。

特別聲明

這本書本質上是教育性質的書，而不是專業輔助的替代品。請你記住，與心理健康狀況有關的正式診斷和治療，包括這本書中所提到的一切問題，都應該找合格的健康照護專業人員為之。

雖然我在這本書中提供許多心理治療的臨床實例給讀者參考，但是，其中相關案例的真實姓名與相關資料都有所更動，藉以保護原個案客戶的隱私權。

這本書中所建議的各種策略可供所有的父母使用，不管你們養育的孩子幾歲，或甚至孩子已超過十八歲的為人父母者亦可受用。不過，我在書中也化繁為簡以「孩子」一詞，涵蓋所有不同年齡層的孩子，因此，我沒有進一步將孩子再細分為初學走路的幼童、或十幾歲的少年、少女或是青年。同時也請注意，我在各章節之間也將「他」和「她」交錯使用，主要在於均衡地顯現案例的性別代表性。

艾力莎、山姆、嘉比，
你們真是令人大開眼界的孩子，
同時，也是最棒的老師。

愛你們三個孩子並不費力，
身為你們的老爸，
一直是我一生之中最大的喜悅和最大的榮幸。

目次

教孩子，可以不生氣！

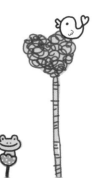

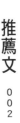

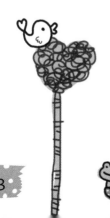

導論

我有不好的想法，如何能成為一個好父母？

沒有什麼會比父母對孩子所持的看法，對孩子會造成更深遠更重大的影響。身為父母，我們都努力「喜歡」我們所「愛」的孩子。我用「喜歡」這個字眼，其意思就是指我們對孩子的思想、反應、態度和價值有著正面的感受。身為父母，我們喜歡孩子的行為，那種非常美妙的感覺，讓我們「形喜於色」。但是，當我們不喜歡孩子的態度和行為時，我們就會失去那種溫暖、陶醉的感覺，而且會感覺不愉快。儘管大多數父母確實都很愛自己的孩子，但是，當覺得自己對孩子懷著不太好的想法時，便感到相當困惑。

教養工作是極具挑戰的。回想起多年以前，我的孩子在清理他們的房間這件事情上，讓我很頭痛。當下我的感覺是，孩子並沒有照著我的要求來做，事實顯示他們並不遵從我的命令行事。我認為他們不尊重我，當時我感到很沮喪。因此，我從那個情境退出來，相信自己是個「知子莫若父」的父親，也是很能自我適應的心理學家，我找到最佳的應付技巧——我打電話給我的母親，向她求援。

也許因為我寫過很多本關於親子教養的著作，所以你認為我一定能夠輕而易舉地處理自己子女的問題，是嗎？喔，根本沒這回事。我必須很誠實地說，我和你一樣也曾經歷過難受的日子。雖然我深愛我的孩子，但是，仍需時時面對那些不知從哪裡冒出來的憤怒念頭的挑戰。我要指出的是，教養子女的工作，從過去到未來一直是我所面臨的最具挑戰性的工作。這真是一件充滿著愛的辛苦工作。

當年，我跟母親分享的一些想法不斷地在我的腦海中縈繞不去！也許，你也知道，就像以下這些想法：

「他們從不知道要感激我對他們所作的一切。」

「他們都被寵壞了。」

「他們就是要把我給搾乾。」

「好，就讓他們這樣懶散下去，終有一天他們會得到教訓。」

「他們說，他們討厭我。也好，我再也不要對他們抓狂了。」

我還有一些很寶貴的東西可和大家分享，不過，你們也知道那會是什麼。那一天，我母親很專心地傾聽我絮絮叨叨的訴苦，也幫我平靜心情。當時，母親一直以他富有支持力而理性聲音鼓勵我，終於，我茅塞頓開——雖然大多數人都知道自己的心情不好，但是，我們都不會有意識地注意到自己的想法會對情緒動盪造成多重大的影響。而且，大多數的父母親也都忽略了自己對孩子的想法，無論好壞，會對孩子之於父母的感受以及孩子可能產生的反應有多麼重大的影響。

不錯，你可能會說：「嗨，傑佛瑞博士，別開玩笑了。你是一個心理學家，什麼時候才弄清楚這回事？」我的回答是，有時候，最顯著和最簡單的事實反而是最模糊的。當時，讓我印象非常強烈的是，那些想法所帶來的力量和所產生的影響力真的非常可觀。現在，我能清楚地看到自己在正確了解孩子的需要上，曾遭遇到多重大的困境。

二十年來，我從事輔導工作，超過二千位的家長和孩子接受我的輔導或參加我的工作坊，我一再地看到許多父母深受對孩子抱著惡意想法的痛苦。我們生活在步調如此快速的現代社會，又要面對一切壓力，父母的惡意念頭這個問題只會越來越惡化。當我越是對此深入思考，越是發覺這現象廣泛與普遍，處處潛伏。

以我的臨床諮商者多娜為例，她是一位憤怒的母親，有一天，她顯露許多做父母的人最典型的挫折感。多娜說：「傑夫博士，說到這件事，我就覺得有很大的罪惡感。但是，這麼多天以來，我越來越不喜歡我十一歲大的女兒，她不僅令人討厭，而且行為放肆。我不知道為什麼她會這麼差勁。」多娜眼眶裡充滿了淚水。

另一位男性諮商者戶朱利安，他育有三位十幾歲的孩子和一個新生兒。他以較幽默的方式反思多娜所關切的事。朱利安說：「傑夫博士，現在我知道為什麼有些動物會吃掉他們的後代。」

身為父母，我們希望讓自己的孩子都感受到被愛、被了解、被接受和被賞識。為了達到這個目的，我們在情緒、精神、身體和物質等各方面都盡己所能地想讓孩子稱心如意。可是，許多父母發現當他們盡一切力量地給予之際，卻深感挫折。這是因為我們在面對孩子的各種挑戰、困頓與偏差行為出現時，我們太容易覺得自己痛苦不堪。這些想法是很普遍、很正常的。但是，做父母的人如果能對惡念好好地處理時，事實上，將有助於改善孩子的偏差行為，也會帶來更愉快的親子關係。

如果你正在閱讀本書，我認為你也會覺得自己也是這類型的父母，至少，有時候你會這樣覺得。也許你希望可以揮出一把奇妙的「滿足魔杖」，最後讓你的孩子變成比較容易應付的人！可是，真實的情況是，教養工作是一件充滿挑戰的工作。

好消息是你並不孤單。事實上，要看有多少人跟你有同樣的處境，才會影響你的想法。身為父母，不管是已婚或再婚，或單身或守寡，也不管是年輕或年老，此刻你已經感到很厭倦。不管走到超級市場、或在遊樂場閒蕩，或甚至在餐廳豎起耳朵聽一聽周遭的談話，你將看到和聽到為人父母者都有一大堆問題。這些做父母的人不快樂，心情很煩，而且，明顯地受到我所稱的「父母親挫折症候群」（Parent Frustration Syndrome，PFS）的折磨。我在這本書的第一章將對「父母親挫折症候群」做更完整地討論。

父母焦慮會使孩子變得不快樂

當孩子還小的時候，我們當父母的就開始想到孩子未來的大遠景。我們盡全力為孩子選擇最好的機會，而且，我們也希望孩子在長大之後，也能為自己選擇最好的機會。諷刺的是，作為一個成功父母最大的挑戰，可能是他們的焦慮感，因為父母的焦慮會使孩子變得不快樂、不滿足。

我們養育孩子時，我們也會提高他們成功的標準。臨終之際，我們都想知道，我們為孩子所做的事都是正確的。而且，大多數孩子也都知道他們的父母希望他們做到最好。同樣的，當孩子犯錯或遭遇到失望的事，他們的父母也都會跟著痛苦。這種情形引發父母的焦慮感。

此外，這種焦慮感多半還會不斷地將不好的想法帶進我們的腦海裡。當我們為孩子的事而煩惱時，很容易產生負面、偏激的想法，自然而然會想到最壞的一面。

這種情形會讓父母帶來更多苦惱，除了焦慮感，還夾雜著憤怒、傷心、放棄和挫折。有些父母親默默的著急，有些則失去理智，對孩子作出過度的反應。於是，許多父母覺得非常內疚。確實如此，那些到我這邊進行諮詢的孩子，在面對那些未說出口的緊張氣氛或被大聲咆哮時多半無法繼續保持好心情。做父母的人常常誓言要「冷靜以對」，也要更用心了解孩子，更有耐心面對孩子。不過，做父母的人也常常被不好的念頭所包圍，深陷在難以應付的「父母親挫折症候群」的壓力中。當你未能掌握可以改變你的行為模式的工具前，你將繼續唱著教養工作難為的悲歌。

父母對孩子的感受會影響孩子

一般而言，會前來向我尋求幫忙協助的父母，都是孩子出了問題，譬如孩子有口頭或身體的衝突，或焦慮或挫折，或面對法律問題，或有吸毒問題，或是與同儕或家人的人際關係惡化，或是學習障礙等。通常，當我與孩子及其父母進行面對面諮商時，雙方往往已是一觸即發的緊張狀態。

我很樂於輔導內心掙扎的孩子，因為當他們學會以更有效的方法處理日常生活的問題時，我就會感到很滿足。不過，輔導孩子，也意味著要輔導他們的父母。而且，這些父母通常也都是不快樂的，尤其是他們的孩子快讓他們感到抓狂時。我擔任心理醫師的時間越久，越發現父母在形塑孩子的未來時，擁有非常重大的影響力。透過與父母的合作，我們可以引導他們的孩子做出更健康的改變，以因應他們所面對的挑戰。

儘管我提供的經驗和方法具有輔助作用，但是，我仍必須確認自己在協助這些父母在處理孩子的問題時，能認清他們所扮演的角色，對此，我始終慎重其事。無論如何，我都不會因為孩子的問題而責怪父母。同時，當父母知道他們的思考方式有助於處理孩子的問題時，對他們是具有啟發作用的。簡而言之，父母對孩子的想法一定會影響父母本人會不會喜歡孩子，而且也會影響他們的孩子會不會喜歡自己。父母對於孩子的感受也會影響他們的孩子處理問題的方式。我們都知道每個成人都會對自己的下一代傳達自己在成長過程中承襲自父母的價值觀。

先學會控制自己的負面想法

由於這本書所列舉的例子，大部分是以父母的想法為主，也許，這麼一來似乎將孩子的行為責任全都轉嫁到父母身上了。不過，請暫時不要管孩子正做些什麼事情，請先專心致力於改變自己的想法和作法，如此一來，一定會對你的孩子的行為帶來非常正面的影響。

從本書，你將可以了解到自己之所以會發生「父母親挫折感症候群」，歸根究柢，都是自找的居多，而不是孩子的緣故。讓你抓狂的，是你對孩子之各種行為的想法所造成。當你學會控制自己的想法，那麼，你就能控制你的情緒和反應。更重要的是，你和孩子將會有更親密、更彼此了解的親子關係。

我的第一本書《為什麼你不懂我的心？》曾提出夫妻關係中的有害想法。那本書上市後，我又寫了兩本與教養子女有關的書——分別是《10天內，培養專注力小孩》與《10天內，孩子不再是小霸王》。感謝全球各地讀者的來信，他們對我的著作稱讚有加，讓我既感激又愧不敢當。因此，我覺得此時有必要大膽地寫出大部分教養書籍所避而不談的問題，那就是深入探討存在於充滿焦慮和挫折的父母親的腦海中那些有毒的想法。

父母對於自己的孩子抱著有毒的想法，這個課題是一個很大的、未曾檢視過的和未被充分認識的重大問題。然而，這是一項需要解決的重大問題，放任不管，勢將產生負面的情緒和行為。這些負面的感受，將對家庭的幸福造成重大的影響。本書將幫助你克服那些負面的想法，讓你在教養子女時腦筋更清楚。我也會將臨床輔導時提供給那些父母的策略，一併收錄於本書中。

當父母第一次將孩子帶來我這裡時，我都會鼓勵家長說出孩子的正面特質。眼前的這個孩子就是他們非常「愛」的孩子，但是，同時也可能是他們付出「喜歡」最少的孩子。這些家長因為有「父母親挫折感症候群」而痛苦不堪，他們的孩子也因而深受傷害。我讓這些家長先記住孩子的優點，在第一天我幫這些家長灌注希望和正面能量。我也讓這些家長和孩子看到彼此了解對方的力量有多麼大。一旦他們覺得有安全感，並且，能夠分享他們的挫折感時，這些家長就會知道如果不拿掉潛伏在心裡的負面想法的話，很可能吞噬正面的想法和危害親子關係。

不管你的孩子只是偶爾難以相處或是常常出現偏差行為，本書所提供的工具，將讓你、你的孩子和你們的親子關係受益良多。當你能夠控制負面的想法，並且在面對孩子行為也不再有過當處理時，那麼，你的孩子可能就會聽從你的話，而且不再搗亂。正如你看到的，有毒的想法是僵化固執的、不公平的，也是扭曲的理解。譬如，像這種看法：「她在做事時一點都不專心。」雖然你可能覺得那是孩子的問題，你也不是那個需要改變的人，但是，請你敞開心胸。當你越消除負面的想法，並試著努力吸收本書提供的意見，那麼，你的孩子也會變得越來越好。

再學會欣賞自己深愛的孩子

我過去是個過度反應和常發脾氣的父親。當我擺脫那些有害的想法之後，我的「父母親挫折症候群」也跟著明顯的消失了，太棒了。我不再犯錯，我仍然必須控制我的想法。一旦我學會如何控制我的想法時，真的事半功倍。而且，當我能控制有害的想法之後，我對孩子的了解程度，遠比我所想像還要多得多。

我這一生從事了解自己和了解孩子的工作，也比做其他任何事情還多。而且，當我對孩子的了解更多，我從孩子身上所獲得的或是孩子從我的身上所獲得的樂趣，也都變得更多。我給自己最美妙的禮物，就是對自己的孩子更有耐心、更能體諒、更不要反應過當。我已經學會以更健康的觀點來看待事情。有毒的想法再也無法有力地扭曲我的思考方式、阻礙我與孩子的聯繫以及欣賞孩子的能力。我已經學會能好好地欣賞自己深愛的孩子，為此，我感到興奮不已。

擺脫破壞親子關係的九種有害想法

本書的第一章至第三章，主要先讓你了解什麼是有害的想法，以及如何多多留意這些有害的想法。第四章至第七章，則屬於比較策略性的，我會提出如何放輕鬆和多留意（用心）的策略，以及運用另類的想法等策略。同時，你會學到如何對抗

「逐漸發作的有害想法」以及「突然爆發的有害想法」。你也會學到如何克服破壞親子關係的九種有害想法：

1.「總是或從來不」的陷阱。2. 貼標籤。3. 苛薄的諷刺。4. 疑神疑鬼。5. 有害的否定。6. 過度情緒化。7. 嚴厲責罵。8.「你應該」如何。9. 妄下注定失敗的結論。

在其他各章，我也會提出關於管教子女的知識和策略，如何使用正面增強的方法，以及如何享受為人父母之樂的方法。我也鼓勵你從現在開始就養成將你的想法和感受逐日記錄下來的習慣。當你越能抓住你的腦海裡所浮現的想法，並運用本書所提供的策略，那麼，你的正面力量越大，改變將會更積極、更成功。本書部份章節裡有列出一些練習作業，可以讓你在空白的地方，寫下你的想法和省思。你可以很容易將這些格式加以複製運用在自己的記事本。你可以把對本書內容的回應寫出來；你個人所想到的事情，也可以留下記錄。你也可以自在地利用各種格式，記下你的想法和感受，只要覺得合適就好。

當你開始學習消除自己的有毒想法，我為你感到開心。那些曾經將這個原則運用在孩子身上的客戶都告訴我，當他們擺脫有害想法的束縛後，日常生活的關係也隨之改善了。他們發現不只自己與孩子的關係變好，而自己與另一半或親密伴侶，或與合作夥伴、朋友，以及親戚的關係也都隨之改善，為什麼？這是因為深受有害想法荼毒的父母，往往不只在教養子女方面遭遇困難，而且，在維繫其他關係上也出現了問題。

你將學會如何「喜歡」你所「愛」的孩子

我希望，如果你因為心情煩悶而準備遠走出遊的話，請暫緩計畫，至少，請讀完本書後再作決定。請抓住與你的孩子歡樂和聯繫的機會。因為我提出的這些建議和資料，曾幫助超過二千位以上的父母和孩子建立更和諧、喜悅的關係。

是的，現在你可以運用自己未曾想像過的方式「喜歡」你所「愛」的孩子，而不必等到孩子長到二十五歲或三十五歲，才能彼此享受良好的親子關係，或是到了那個時候，你才看到孩子感恩你所作的犧牲以及和為他所作的一切。相信我，當你擺脫有害的想法而變得更好時，你的孩子也跟著會對你表現更好的態度。

你將不再受到情緒的挾持，即情緒「突然」失控時的傷害。你將知道那些有害的想法是什麼，以及如何阻止那些有害想法，以免遭到這些負面想法的襲擊。而且，更重要的是，你將學會如何「喜歡」你所「愛」的孩子。

第1天

為什麼「喜歡」孩子比「愛」孩子還要困難？

當父母的人在面對孩子時，也許親情上感覺十分滿足，但生活上卻可能搞到精疲力盡，甚至被沉重的挫折感所折磨。我知道，當孩子不受教，而你頻受打擊時，實在是令人非常煩惱。面對親子間的衝突，你甚至可能感覺完全束手無策，但你一定要堅持下去，只要改變態度、想法、管教方式，終會撥雲見日。本書後續各個章節將提供各式有效的教養策略和練習，請用心學習，對你一定會有幫助。

蘇珊是我輔導過的一位母親，她育有一位十一歲的男孩。當她來找我的時候，心情非常煩躁、渾身顫抖，顯然飽受「父母親挫折感症候群」（PFS）的痛苦折磨。她跟我說：「傑佛瑞博士，湯姆的問題一個接一個地發生，我受不了了。」她的痛苦彷彿找到了出口，渲洩而出：「像今天，他一直不停地辱罵我。到後來，我也火大了，對他大發脾氣，他居然吼我是『最糟糕的母親』。更糟的是，他還不斷地騷擾他弟弟。」蘇珊的遭遇，在其他父母身上也時有所聞：「我每天勞心勞力地為他做牛做馬，他竟然還說我很糟糕。我如果用像他這種態度跟我父母說話，一定馬上被甩耳光。我小時候，不管父母怎樣無理，當小孩的都不敢這樣沒禮貌。他真的是個被寵壞的小鬼，永遠不知道自己有多幸福！」

透過猛烈的抨擊，蘇珊總算稍微紓解了嚴重的挫折感：「傑佛瑞博士，有時候我真的很受不了湯姆。可是，像這樣討論孩子的問題，也讓我感覺糟透了。但是，他這次真的讓我氣炸了！對於他，我真的已經身心俱疲、毫無辦法了。甚至，開始討厭、不喜歡他。我竟然會不喜歡自己的孩子，我是不是瘋了？」

我跟蘇珊保證萌生這種念頭是正常的，她沒有瘋。接著，我們開始處理蘇珊面對湯姆時所抱持的負面想法和感受，並且開始學習自我控制。學習的重點在於，如何讓蘇珊在了解孩子的困擾之後，能夠迅速抑制不喜歡孩子的態度和行為的感覺，並避免日後再度發生，而這也恰是你將要學習的重點。經過訓練，現在即使湯姆又胡鬧，蘇珊也能夠保持情緒平穩，不讓自己陷入情緒抓狂的狀態。突破了這個障礙後，蘇珊不僅變得更開朗，親子關係也逐漸變好。恭喜你，如果你正為教養孩子而煩惱，本書將協助你勝任父母的角色。

據我所知，在其他醫學和心理學的教科書中，你找不到「父母親挫折感症候群」這個用語。但是，這個用語的確能傳神地描述父母親們每天都要面對的真實問題。當做父母的人感到不知所措，對教養子女的工作、孩子的態度與行為感到心灰意冷時，往往就會產生「父母親挫折感症候群」。

備受「父母親挫折感症候群」之苦的父母很可能出現下列這些情況：

- 出現中度到高度的挫折感。
- 對孩子的惡劣行為和不知感恩態度憤恨不平，也為他們的反抗行為感到氣憤。
- 中度到重度的傷心或憂鬱。
- 對孩子的生活前景，感到悲觀。
- 想逃避家庭的壓力。
- 質疑自我的價值。
- 認為自己孩子的反抗行為比親友的孩子情形更嚴重時，內心有很大的無力感。
- 對於孩子經常做一些沒有意義的事情，感到困惑不已。
- 少有喜悅的心情。
- 對生活現狀不滿，認為眼前的家庭生活不符合期待，內心充滿灰心與自責。

雖然「父母親挫折感症候群」真的很令人頭痛，不過好消息是，只要能夠認真而堅定地運用本書所提供的策略，一旦出現「父母親挫折感症候群」，即使沒有治癒，也能獲得有效的控制。

你是否有「父母親挫折感症候群」的問題呢？如果你曾經或目前正有下列這些感覺的話，那麼，你可能已經有「父母親挫折感症候群」的問題。

你的「父母親挫折感症候群」有多嚴重呢？

當孩子搞得你暴跳如雷時，控制好情緒、不亂發飆會對接下來的教養工作有所幫助。根據經驗，大多數備受挫折感困擾的父母在不同的時期，都可能出現以下的狀況。請誠實檢視自己，下列陳述中或有符合你的情況者，請打勾。

□難以應付的孩子常把你和家人搞到精疲力竭，對此你會感到忿忿不平。

□對於能否有跟人家一樣的生活品質，你簡直已經絕望了。

□你覺得眼前的情況根本不可能會有任何改善。
□你無法了解為什麼你的孩子在別人面前表現得很乖巧，在你的面前就不行。
□你已經精疲力盡了。
□你無法理解孩子為什麼要這樣，因為你已經很努力在當個好爸爸（好媽媽）。
□你感覺受到孩子的操弄。
□你開始懷疑自己當初為什麼要生下他。
□你對婚姻已經失去昔日的激情，並且傷心不已。
□你變得暴躁易怒，甚至常因為強烈的挫折感而自責。
□身為一個單親父母，你覺得你簡直無法保持神志清明。
□你認為就父母的角色來說，你似乎是失敗透了。

上述這些與「父母親挫折感症候群」有關的現象，是整理過後，我們認為較具代表性的部分，並不代表全部。不過，即使這些表現令人痛苦，有「父母親挫折感症候群」的家長只要能控制自己的想法，就會好過些。因為除非你能先控制自己的想法，否則，將很難控制你的孩子、你的感受與生活上的其他事物。

閱讀本書，你將學到如何消除自己對孩子的有害想法，並體驗到親子關係發生良好的改善。你將不再感到精疲力竭，也能避免沒結果的權力衝突。

以我自己為例，當我正在撰寫本章的某一天，孩子們興高采烈的做了一個很大的薑餅，想當然爾，薑餅完成後，廚房也彷彿遭遇到大爆炸一樣。看到現場慘烈的廚房，頓時，尖銳的、爆裂的「父母親挫折感症候群」整個大爆發。多年以來，我一直很努力運用「不聽不聞」的方式和孩子相處，也對自己的堅持感到很驕傲。因此，看在孩子們玩得很開心的份上，儘管廚房一團糟，我還是努力安慰自己：「這沒什麼大不了的，我是個了不起的老爸，我絕對能接受孩子們的任何作為。」

不過，細查過廚房的狀況，我實在無法不注意滿屋子的髒亂，想到後續的整理，我就頭皮發麻。當我看到糖罐滾過流理臺邊緣掉落在地板上，灑了滿地的糖粉時，血壓立刻飆高，我聽到自己用緊繃的聲音說：「我怎能一邊這麼愛你們，又一邊覺得快氣炸了？」我的孩子俏皮地回答：「老爸，這不就是你寫書的原因嗎？」

我的孩子說對了。我正在寫一本可以幫助跟我一樣對孩子又愛又氣的父母的書。本書將幫助你敞開心胸，了解令許多父母自責的問題——我們怎能對自己的孩子有如此負面的想法和感受。沒錯，本書將要帶領父母親探討這些問題。現在，請先做個深呼吸，再繼續閱讀下去。

我知道你曾經感覺孤立無助。你不了解：「為什麼會這樣，為什麼別人家的父母沒想過要了解自己怎麼會對孩子產生灰色的想法和挫折感？為什麼不想深究自己究竟不喜歡孩子的哪些部分？」你甚至會感到疑惑：「難道是人家的孩子不像我們家的小孩一樣，生來專門跟父母對抗？是這樣嗎？」我敢跟你保證，事實絕非如此，幾乎所有做父母的人都跟你有同樣的感受，面對同樣的挑戰。因此，我將幫助你發掘究竟是什麼因素引燃你和孩子間的情感衝突，更重要的是，我也會告訴你如何回應。請繼續閱讀下去，你很快就會知道因應之道。

教養子女是一件辛苦的工作，但你無法辭退

教養子女是一件很艱苦的工作，尤其在今天這個充滿焦慮、競爭的世界，光是說到照顧和養育孩子就已經令人心生畏怯、壓力很大。但我還是必須說：一旦有了孩子，就別無選擇，非得擔起為人父母的責任。相信大多數的父母都是以欣喜和歡樂的心情期待孩子出世、邁向養育子女的旅程，而你也會從扮演父母的角色中獲得許多喜悅和歡樂，可是，相對的，你也會對不得不面對的親子問題及衝突而大感苦惱。除了親職上的壓力外，工作與婚姻關係，以及維持平靜生活的努力在在賦予你莫大的壓力，以致你終於發生了「父母親挫折感症候群」。**你知道自己有多愛孩**

子，但愛孩子卻沒能為你帶來總是快樂的體驗。

請看看以下這張充滿幽默感的告示。這張告示是一位家長交給我的一則關於誠徵父母職啟事的「工作說明」。

誠徵父母職啟事

◎職稱：

老媽（媽、媽咪、媽媽）老爸（爸、爹地、爸爸）。

◎工作說明：

1. 必須能接受挑戰的長期團隊工作人員，常常要在吵雜的環境中不停地工作。
2. 必須具有極佳的溝通能力和組織能力，願意承擔不定時的工作，包括晚間和周末的加班，有時候會有二十四小時的輪班工作，必須隨傳隨到。
3. 有時會需要過夜的出差旅行，旅行費用不能報帳。
4. 必要時，得承擔勞力性質的僕從工作。

◎責任：

1. 終身制。
2. 必須忍受被討厭，也許是暫時的，直到有人跟你要了五塊錢。
3. 必須一再後悔失言。
4. 必須具有騾子般的體能與耐力。
5. 必須過濾往來電話、維護日常記錄，以及協助完成指定的團體作業專案。
6. 必須有能力規劃和組織社交聚會，與會的客人可能來自各個年齡層，而且會有各種想法。
7. 必須願意前一分鐘還是不可或缺的人，下一分鐘卻很尷尬的人。
8. 必須永遠抱持著最好的希望，但隨時做最壞的打算。
9. 必須為負起產品品質最後、最完全的責任。
10. 必須負責地板的維護以及所有設備的守衛工作。

我認為這一份誠徵父母職啟事的內容相當有趣，希望你也這麼認為。事實上，身為父母親，當我們越有這樣的幽默感，就越容易面對教養工作的壓力。這不是開玩笑的，「當父母」真的是一份工作！

用一種比較嚴肅的說法，「當父母親」需要幽默感和冷靜力量的時候，這些重要的特質卻往往無法適時地出現在他們的腦海中，反而會冒出一堆負面想法。更遺憾的是，有時候這些負面想法還會不經意脫口而出。

處理令人不知所措的感覺並不容易

正在閱讀本書的你也許也是一位深受「父母親挫折感症候群」之苦的家長，你並不喜歡也無法忍受孩子的某些態度和行為，這都很正常也沒什麼大不了，只要你能夠處理那些負面的想法和感覺，不失控。但事實是，因為你愛孩子，所以當你發現自己對孩子充滿負面的感覺時，你會忍不住更抓狂。這麼說吧，就算眼前你不喜歡自己的孩子也沒關係，只要能夠積極處理負面的想法，子女教養就不會有問題。

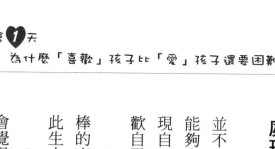

輔導過這麼多家長，我發現協助其他父母去了解並克服教養工作的挫折，是很棒的事。身為一名父親，我自己也要面對許多挑戰和困難，從面對到成長，一直是此生中最讓我感到心滿意足的。我很高興能協助你，引導你邁向美好。

我明白，深入探討為人父母者所面臨的挫折，會令人不舒服，個人的自我意識會覺得受威脅而不安，因為這麼做需要你離開個人的舒適領域。沒錯，面對自己的負面想法和感受挑戰，是既不熟悉也不愉快的事。但是當你更了解自己面對孩子時有哪些負面感覺，並積極將之轉變為正向力量時，所獲得的回報是無價的。

在我們開始探討你面對孩子時有哪些負面想法前，先營造出所需的安全感吧，我們要培養出能處理負面感覺的能力。偶爾，當家長們聚集在足球場邊、超級市場、宴會場合，或其他社交場合交換心得時，會拿孩子們難搞的行為當作閒聊的課題。不過，像是「我的孩子快把我逼瘋了」之類的閒聊，其實就是父母親產生挫折感的徵兆，從你對自己的孩子有多麼苦惱，以及如何地精疲力竭，就能判斷你的挫折感有多深。在此，我要協助你了解這些情緒挫折，不僅能幫助你保持思緒清明，也能讓你更了解孩子。

你的想法是罪魁禍首

本書最扣人心弦的是，明白地告訴你，原來我們腦袋裡裝滿了對孩子有害的想法，甚至比孩子自己的有害想法還多。沒錯，事實就是如此。著名作家阿娜伊絲·寧說：「我們不是以事物原來的樣子去看他們，而是以我們自己的樣子在看他們。」

正如我在前文提到的，父母普遍都有焦慮感，因為做父母的人得為孩子的安全和幸福負責。但即使我們只是渴望孩子「變得更好」，也會讓我們煩惱和不安。當我們覺得孩子不按照我們的要求做事，或是做出更糟糕的選擇時，我們的有害想法就會跟著形成和強化。你將會發現，除了焦慮外，我們如何看待我們的孩子以及我們身為父母者的角色，也都會成為有害想法的跳板。

你是否對孩子抱持著負面的想法甚至有偏見呢？我不清楚你的答案會什麼，但我認為仔細思考後，你會回答：「是」。我之所以會如此認定，是因為父母對孩子的負面想法以及連帶產生的感受，都會危害你的教養工作及與孩子的關係。

請想想：偏見就是一種「預先判斷」，也就是在知道孩子的實際情況或是了解他所面對的環境之前，預先對孩子作出的一種倉卒結論。在你的成長過程中，你會吸收一些關於如何教養孩子的信念，但有意無意間你也會同時吸收進某些成見或偏見。部分父母的偏見已經擁有幾百年幾千年的歷史。

我們都曾聽過：「惜了棍棒，害了兒女」。所謂「棒下出孝子」的觀念讓不少父母以為，只要孩子有不良行為就要處罰，這樣孩子才會成功。如果父母有這種想法，難免就會對孩子抱持嚴苛的期待或過度的反應。現代人多半不苟同體罰的觀念，不會將之視為是管教的良方。但即便不再打罵，但**傳統上嚴苛僵化的「我要管你」的權威心態，也可能妨礙親子關係，甚至產生事與願違的結果。**

再說到另一個負面的見解，也就是這句話：「大人在說話，小孩不要吵。」這句話暗示著孩子的意見是不被注意的。雖然現在已經較少人會輕視孩子的意見，但這個觀念，或多或少還是有不少擁護者。

此外，近來還有一種負面的想法：「這一代的孩子都被寵壞了，他們實在太好命了。」下面所引用的內容，就是這種出自於這種看法：「現在的孩子喜歡名牌、態度很差、輕視權威。不尊重長輩，喜歡在運動時聊八卦。現在的孩子是家中的小霸王，而不是奴僕。他們看到長輩走進房間時，不會起身致意。他們反駁自己的父母親，在客人面前喋喋不休，在餐桌上狼吞虎嚥精緻美食，翹著二郎腿，欺負老師。」真是奇哉怪哉，這些現象只能借用二千多年前的哲學家蘇格拉底的話來形容，我們這些做父母的人真是活在一個反常的時代！

我想幾乎所有的父母都寧可用較正面的想法來看待他們的孩子，也不願帶著明顯的成見來對待孩子。從孩子出生到開始牙牙學語之前的這段時間裡，對父母來說，要做到這一點可能比較容易，之後就困難了。再者，說到上述這些父母常叨唸的「金玉良言」，不也代表了潛藏在父母心裡的看法，父母壓根就不認為孩子擁有跟成人一樣的權利。難道孩子真的不能擁有就連成人也很重視的被了解的權利嗎？

可是，對孩子和家庭生活過度理想化的看法，是有問題的。有些家長抱持著很不實際要求完美的期待。我們都被灌輸像賀曼卡*註1所呈現的美好畫面——面帶笑容的父母出現在足球場邊、學校活動場合、畢業典禮，或是結婚典禮上，然而，真正的情形是家庭的生活充滿著無限曲折起伏的可能。

千萬不要以為我很憤世嫉俗，其實我關心的是有些父母親對處在低潮時的準備工作，並不像在高潮時那麼多。讓我們貼近你的看法，告訴你要怎麼去處理陷入低潮的問題。

*註1：賀曼卡於 於一九一〇年創立於美國，由一間小工作室以卡片事業為出發點，發展出來的溫馨的品牌。剛開始是以商品授權、圖文授權方式合作減少多角化經營顧此失彼的風險漸漸的遍集全球。每年發展出超過一萬種配合各類節令的新卡片，以三十種語言，行銷全球一百多個國家，年營業額高達四十億美元，成為禮品市場最具影響力的企業。

原生家庭經驗也會影響父母親的想法

有一天，我在購物中心的停車場，聽到一位年輕父親對他的小女兒大吼：「我跟你講過多少次了！」接著，小女孩開始號啕大哭。我心想：「他到底從哪學來這種語調的，會對自己的小孩大吼大叫的？八成是跟自己的爸媽學的。」

我看過許多父母用既負面又令人難堪的方式跟他們的孩子說話。連我也都難逃這樣子的負面教養，一想到自己曾如此說話就覺得自責不已，所以一直想辦法保持自我警戒，不再用那種方式跟孩子說話。即使有時候這些話並非全都是情緒化的產物，確實是發生某些狀況，但這樣的措詞對孩子的傷害還是太大、太痛苦了。這些措詞如下：

「你曾為你自己想過嗎？」

「你實在太懶惰了。」

「你都不替別人想想嗎？」

「為什麼你不能像你的姊姊一樣？（你的哥哥、你的朋友某某等）」

「一切都是你的錯。」

「你就是不知感恩。」

「你一點也不聽話。」

「看著好了，你非得要嚐到苦頭才知道。」

我想看到這，你應該心有戚戚焉，這些傷害力十足的話都是來自於有害的想法。許多的例子都證明了，有毒的思考方式和說話方式會一代傳一代。但父母傳達這些話語時卻都沒發覺到，另一端接受這種有害的思考方式和說話方式的孩子們，並不了解為什麼親愛的爸媽要用這種方式說話，難道他們不曉得會對孩子造成多大的傷害和憤恨。

每個家長都有自己的教養見解

在此，我並無意規定你要相信或不相信什麼。不過，我非常希望你願意去了解什麼事情能促進你與孩子間有更良好的關係，什麼事情則會令你與孩子的良好關係惡化。任何你所抱持的受到侷限的信念、成見和偏見都值得不斷地探究，以找出究竟是哪種負面想法，影響了你對待孩子的態度和行為的方式。

對某些自我意識較強烈的家長，管教和處罰兩種教養方式並行是很普遍的，尤其是所謂的「處罰導向」的父母類型。這類父母經常生氣、破口大罵，且對於孩子的不良行為會力求導正。在我的另一本著作《10天內，孩子不再是小霸王》，其中有一章「值得信賴的管教方法」，我曾經提過，針對行為偏差的孩子，當父母對這類孩子加以處罰時，常會引起孩子的反彈，並引發更偏差的行為。面對行為偏差的孩子，以避開造成他們情緒反應的方式，會比直接去刺激他們要好。請你了解，我並非反對對孩子施以處罰。不過，我關心的是，當你的處罰是採用嚴苛、粗暴和太超過的態度時，那麼，那些難以應付的小孩和青少年反而可能會表現得更偏差和叛逆。當父母與孩子之間越存在著堅強和正向的關係時，就越不需要處罰。若要對孩子的處罰有效果，父母最好採用合作的態度，而非敵對的態度。本書第八章將進一步討論關於管教與處罰的問題。

社會與歷史因素、原生家庭、個人觀點三者，並不是形成與維持父母教養子女的信念的唯一來源。文化、家庭傳承的觀念，以及媒體所傳布的資訊，都會影響父母對孩子的想法。當你閱讀本書時，請務必敞開心胸，深刻了解自己的信念，以及這個信念是否影響了你對子女的教養。

許多負面想法源於大人的不成熟所致

顯然，親子關係的好壞，對孩子的成長及成人後的影響，關係重大。可惜的是，許多父母並未適當地處理自己對孩子的負面感受。這些對自己頑劣的孩子沒輒且對孩子有有害想法的父母，可能無法公平地對待的孩子，他們可能會對孩子破口大罵，加深傷害親子的互信，令彼此關係越來越緊張，甚而，引發孩子更多的偏差行為，帶來意想不到的悲劇。

孩子們，尤其是性格頑劣的孩子，絕不會讓父母輕鬆的。例如，有一位八年級的小女生曾告訴我，她想讓自己留級，為的是「讓她的爸媽更生氣」。與父母親失和的孩子，日後難免步上坎坷的日子。覺得受傷害很深的孩子，都會希望與父母維持較良好的關係。當然，也不是說一定是要跟父母，有些孩子會找親戚或老師，來支持、指導他們如何待人處事。這些孩子也許會比其他順境中成長的孩子更具有韌性。但即使如此，與父母保持正面關係的孩子在面對人生問題時，還是擁有較為優勢的力量。

我在輔導時遇到許多深陷情緒創傷的成年人，他們自覺當年雙親並不喜歡自己，更糟的是，他們的父母是以不健康的方式來愛他們。最令人難受的是，這些成年人到了後來也混亂了，認定當年父母不認同、不喜歡他，就是因為他的父母不愛他。對許多人來說，這種不被愛的感覺所造成的傷害需要很長的時間才能被弭平。但不幸的是，有些人在遭遇到這種傷害後，也磨損了他們體驗快樂的能力。親子關係的品質，在教養子女成為一個心理健全的成人上，超乎想像的重要啊！

親子間最糟糕的狀況，莫過於你不喜歡孩子的行為，甚至不喜歡這個孩子，而這種感覺並不會自動消失，除非你去處理這種感覺。例如，七十歲的艾麗絲一直不喜歡她四十歲的女兒。她們之間的衝突，從三十年前開始就一直無法可解。母女兩人都覺得對方不了解自己。在這個家裡，為人母的艾麗絲感到很沮喪，因為女兒克勞蒂亞始終覺得她偏愛另外兩個姊姊。這對母女間的衝突持續了許多年，但衝突的內容卻隨時間而變。我在輔導過程中，協助這對母女學習彼此了解對方，最後，終於能夠彼此喜歡。

想當初我為自己的「父母親挫折感症候群」而備感困擾時，最令人羞愧的是，我發現自己的負面想法是因為自己的不成熟所造成的，而不是來自於孩子。當時確實如此，但現在我明白了，我並不是一位完美的父親，我的孩子也不是完美無缺的孩子，我了解到除非真的知道孩子挫折感的源頭，否則，在處理時，我仍無法控制自己的負面反應。為了真正了解孩子的挫折感，我必須先了解自己的挫折感，而在找出挫折感源頭的期間，我每天仍然必須努力做一位有效率的父親。

我們都會犯錯，我常跟我的客戶說：「唯一最完美的人已經躺在墳墓裡。」我們做父母的人感到最驕傲的時刻，就是處理好自己與孩子間的挫折。當然，偶爾我們也會有感覺不太好的日子——當我們自覺不喜歡我們的孩子時，但重要的是，當你跌倒時，一定要讓自己趕緊再站起來，並做出對自己和孩子都是正確的事。當有害想法獲得控制時，我們擁有的好日子將遠超過壞日子。

一位充滿智慧的朋友曾經告訴我一個道理，那就是：**在孩子最不可愛的時候，我們一定要盡最大的努力來愛他們**。同理，**孩子在最不討人喜歡的時候，我們也一定用最大的努力來喜歡他們**。這一章後續的內容，將著重在探討了解你的孩子與喜歡你的孩子等相關問題。

負面想法，對孩子傷害更大

做父母的人想要掩飾自己對孩子負面行為的不喜歡真的很困難。身為一心理學家，我看到許多父母自以為把對孩子的負面想法隱藏的很好，以為只要不要去理會，這些負面想法就會消失。殊不知，孩子們常可覺察到父母對自己的負面想法，甚至自尊受傷。常在輔導時，看到這些孩子和青少年淚流滿面訴說他們的傷害。這些孩子所覺察到的父母對他們的負面想法和感受，遠比父母親所了解的還多。

你不喜歡你的孩子，將會損害你對於孩子的了解能力。**身為父母所能給予孩子的最佳禮物，就是了解他們**。面對不喜歡自己的孩子這件事，做父母的人一定要嚴肅看待並加以克服，否則會帶來對孩子的不了解，進而導致你更不喜歡你的孩子。不喜歡孩子和不了解孩子都會破壞親子之間的互信，即使親子間仍愛著對方也無法阻止傷害發生。

最重要的是：喜歡你的孩子是了解你的孩子不可或缺的一環。諷刺的是，大多數父母都認為：「我現在就不喜歡你了，為什麼還要想辦法去了解你呢？」這種思考方式是不成熟的。當你對越來越頑劣、越來越難以理解、令你充滿有害想法的孩子越來越明白應該如何教養時，你的挫折感就會越來越少。如果你越無法對孩子難以管教的行為釋懷，就越難以喜歡自己的孩子。

做父母的人若無法從不喜歡孩子的感覺中解脫，則父母與孩子的距離將漸行漸遠。我常在輔導的過程中看到這些情形，因此，以下將告訴你一些技巧，讓你能夠更了解你的孩子，甚至能夠享受親子相處之樂。

卡內基美隆大學的癌末教授蘭迪・波許在《最後的演講》書中引述一位備受尊重的同仁的話指出：如果你不喜歡某個人，只不過是因為沒給他們足夠時間而已。不過，我從自己的孩子身上也看到另一個事實。我相信：如果我們覺得不喜歡自己的孩子，那是因為我們未能完全敞開心胸，接納孩子的全部。許多父母花很多時間與孩子在一起，但是並未與孩子保持相同的波長。你要探究你的有害想法的源頭，要敞開胸襟，並對準孩子的情緒頻率。可悲的是，有太多的家庭雖然擁有共同生活的步調，但是，並沒有擁有可以面對各種人生挑戰和逆境所需的情感聯繫。

多年前，我輔導過一個內心充滿憤怒和困惑的男孩，他的父親是個很堅持要有「男子氣概」的人，同時也是一位頗有成就的律師，非常熱衷狩獵和釣魚。這個男孩則對服裝設計很有興趣，但他的父親無法理解也難以接受。僵持多年後，這個男孩選擇離家出走，傷心的父親來到我的辦公室，哭著說，他真的很不喜歡兒子的興趣，擔心孩子是個同志，擔心孩子的性向也成為破壞親子關係的利刃。顯然，這位父親完全不了解自己的兒子。所幸，經過協調，這個年輕人願意回家來，也願意與父親溝通。看到父子倆都願意放下成見來盡力了解彼此，很令人感動。

我希望你能與你的孩子保持溝通聯繫。也許，你們正處於有點緊張的關係中，但本書將幫助你們增進親子間的了解，並恢復和提升親子間的情感交流。

只有愛是不夠的，要能真正了解孩子

給孩子無條件的愛，也許能幫助我們成為更了解孩子的父母，但是，只有愛是不夠的。許多父母愛他們的孩子，但卻從未真正地了解過孩子。究竟是什麼，妨礙你了解孩子？令你無法與孩子相處愉快？為什麼你與孩子的關係似乎起伏不定？面對這些問題，也許你已經有答案了，但我的答案是，問題在於「喜歡」（事實上是不喜歡）的感覺，而不是愛的感覺。

當你喜歡你的孩子時，你會想多花一些時間跟她相處。每當在她身邊，你就感覺心情穩定，也很有耐性。喜歡你的孩子最重要和健康的方式，就是要記得**透過她的眼睛來看她的世界，而不是用你自己的眼睛去看她的世界**。你所看到的，都需要與她聯結。她對你提出的那些會令你不舒服、欠缺尊重的評語，儘管不適宜，但是，這可能就是她要告訴你她覺得不舒服的方法。再者，她之所以拒絕嘗試也許是一種害怕失敗而出現的抗拒反應。就像本書中所提到的，當你越不讓自己的負面想法掩蓋掉孩子的正面意圖，那麼，你們的關係將會越來越好。我相信「喜歡」的重要性，存在於所有的關係之中，可惜的是，一直以來，「喜歡」孩子並未像愛孩子一樣，受到相同程度的關注。而且，在某些情況之下，「喜歡」孩子甚至比「愛」孩子更難以維持。正所謂「相愛容易相處難」，許多離婚怨偶即使離異了，依然愛著對方甚於喜歡對方，甚至離婚很久了仍然如此。

現在，讓我們回到教養工作的問題，請先完成以下的練習問題，並檢視一下你對孩子的想法。

練習一：你的想法

1. 愛你的孩子，對你而言表示什麼？

2. 喜歡你的孩子，對你而言表示什麼？

3. 不喜歡你的孩子對你而言表示什麼？

關於以上的練習，你對哪個練習有比較強烈的反應？對哪個練習有比較豐富的反應？我猜是第一題。「愛」是一個我們都會幻想的理想狀態。在我們的大腦裡某個隱密處，早已被設定了一個信念，認為我們應該無條件地愛我們的孩子。對於大多數的父母而言，無條件地愛孩子完全是自動的。雖然並不是所有的父母都能做得到愛自己的孩子，但整體而言，我相信大多數的父母確實都是愛著自己的孩子的。但是愛歸愛，許多父母會發現「喜歡」孩子，顯然並不容易。

減少使用「應該」這個字眼

我跟你保證，你可能是一位非常好且仁慈的家長，但仍然不喜歡孩子的某些性格和習慣。如果你對孩子的這些負面想法與相關感受都加以處理了，那麼，你對孩子將有新的了解，並且也能建立更緊密的親子關係。不過，問題在於許多父母覺得他們不應該對自己的孩子有不喜歡的感受。父母往往會將這個「不應該」有不喜歡自己孩子的感覺」的壓力強加在自己身上，以致挫折感更沉重，也過度自責。有些父母也許認為，他們不應該致力於處理自己對孩子的想法和感受，這類型的父母認為無條件的愛應該是指無條件的喜歡。可惜的是，我們的理智並不這麼認為。

著名的心理學家亞伯特・埃利斯說：「大多數的人都像海鷗一樣，到處飛，飛到應該去的地方。他們對於這個世界抱著荒唐而不切實際的想法，把自己和其他人通通趕到困境之中。他們盡說些愚蠢的話，譬如：『他應該做那個。』或『她應該做那個。』或『那件事不應該發生！』之類的。但是，為什麼他應該做那個？為什麼她不應該做那個？為什麼那件事不應該發生……？』」其實，不管在平日的生活中，或特定的教養工作上，並無標準的定律。例如：「上班途中，交通量應該少一點」，或「教養工作不應該那麼難」，都無法改變事實。不過，即使這些定律並不存在，但當我們覺得什麼事情是「應該」時，便會產生挫折感。我們不一定要喜歡自己孩子所做的每一件事，但如果你說那種事不應該發生時，則只會給你帶來嚴重的「父母親挫折感症候群」。

所以，請記住！「應該」是一個很難應付的詞彙。我告訴所有的輔導對象，如果他們減少使用「應該」這個詞至少達百分之七十五的話，他們就會覺得比較好過。至今，沒有一個輔導對象認為我的說法有錯，他們不應該反對這一點。關於此，在本書第三章，當我們探討「動不動就說應該」的有害想法這一部分時，會有更深入的討論。

對孩子而言，父母不喜歡他無異是引爆情緒的炸藥

做父母的人，你對孩子如何看待自己具有不可思議的影響力。多年來，心理學的研究以及一般常識都顯示這樣的說法——你的一生都將貢獻給你的孩子，你與孩子間完全無法分離。

雖然當孩子行為表現良好時，父母們都會眉開眼笑；但當孩子開始頑劣或出現偏差行為時，做父母的人就會覺得無助、挫折，甚至憤忿不平。我曾聽到有些父母

帶著幾近驕傲的口吻對孩子說：「我愛你，但是，這並不表示我喜歡你做的事。」聽到這種話的孩子往往感覺到：「喔，那麼，你就是不喜歡我囉！」而當孩子感覺父母不喜歡他們時，他們就會不想跟父母溝通。

聽進你所聽到的聲音

多年來，我很榮幸有機會向很多人演講。我也常常邀請現場聽眾試做以下的練習，許多人也都發現這些練習實在很具啟發性。這些練習最主要的目的就是讓你與父母的聲音接觸，不管是喜歡你的聲音，或是不喜歡你的聲音。

練習二：回想當年

請坐在一個舒適的地方，並調暗燈光。閉上眼睛，傾聽父母的聲音。在良好的精神狀態下，回想童年的環境，包括視覺、聽覺和嗅覺的感受。你可以想一想你的父母親，可以只想一位，也可以同時想兩位。如果你不是由父母親撫養長大的，請回想撫養你長大的那個人的聲音。當你想到父母並聽到他們的聲音，只要幾分鐘就好，你就可以張開眼睛，並將聽到的聲音記錄下來。

我希望這個練習能為你勾起一些愉快的回憶，但如果沒有，也沒關係，不是只有你有這種情形。當我在團體進行這個練習時，常看到喜悅中帶著淚水的人們。我也看到許多大人想起他們的父母曾對他們說過和想過的事，讓他們淚流滿面並陷入負面的感覺。當你想到以前的經驗時，不妨自問：「我想讓自己的孩子日後記得爸媽跟他說過哪些話呢？」對於你的話，孩子聽到的和記得的，不管是好是壞，都會比你所了解的還多。

孩子不是父母不喜歡之下的唯一受害者

你知道，你愛你的孩子；我也知道，你真的愛你的孩子。但是，你也知道並非一直都這麼簡單。當你對自己的孩子存有不好的想法時，你會覺得自己很糟糕並自責。你疑惑：「其他父母在處理孩子的問題方面會比我更有效率嗎？」你曾經想過要放棄父母的角色嗎？或是，你想過：「也許我不必停止做一位父母親，因為做個父母應該比較容易？」是這樣嗎？我敢打賭，你這樣下去，一定會抓狂。

你的想法在主導，不管是好是壞

請記住，本書是為了遭受不同程度挫折感的父母而寫的，並不是只針對得了嚴重的「父母親挫折感症候群」的父母而寫。所有的父母都可以從學習如何喜歡他們的孩子而獲得很大的好處，即使當下孩子確實非常地讓人生氣。

或許本書提供的資訊都還算輕鬆，但是，要與你分享的東西卻是相當重要的。長達二十多年來，我經常傾聽備感挫折、充滿不滿情緒的孩子，以及深感挫折、惱怒不已的父母們訴苦。我常常看到有些孩子和青少年深受父母的負面想法影響以致情緒動盪，甚至出現令人非常難過的情況。

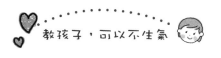

面對孩子的行為，你並不一定要有什麼想法，或有什麼反應。你可以擺脫自責的枷鎖，一勞永逸地學會幫助孩子勇往直前的方法，而且，在這個過程中你也不會倉皇失措。但是，你必須停止「孩子終有一天會醒悟過來，並痛改前非」的幻想。當你自覺有不切實際的想法時，要停止將孩子拿來跟鄰居或親戚的孩子比較的念頭。這是一個非常競爭的世界，但不是每一個孩子都很傑出。雖然大多數的孩子和青少年都不是生來讓父母難過的，但實際上，生活的挑戰會讓孩子和父母都感到精疲力竭。對孩子來說，來自學業成績、同儕和取悅父母的壓力是非常沉重的。面對孩子的挫折感，誰是首當其衝的人？想必你一定猜得到，就是他們的父母。當孩子把挫折轉嫁給你時，你可能會精疲力盡，甚至放任它發生。

也許放下本書前，你會告訴我說：「但是，傑佛瑞博士，你不知道，我的孩子真的很讓我抓狂！」我要明白地告訴你，並不是只有你這樣。請看一看下列為人父母者所面對的孩子的前十大問題行為。雖然以下列舉的行為並非很嚴謹，但請相信我，當我跟一些父母親提到這些問題時，他們都會感到傷心掉淚。

傑佛瑞博士所列舉的「父母親最不喜歡孩子的前十大行為」

1. 將房間弄得亂七八糟。
2. 對家事和學校作業，興之所至的「裝聾作啞」。
3. 錯過校車時間。
4. 不做功課或是忘了交作業。
5. 扭曲你的話，讓你困惑不已。
6. 逃避責任。
7. 對你表現出不尊重的態度。
8. 衛生習慣不良。
9. 惡言批評。
10. 以負面態度對待自己的兄弟姊妹。

以下，請寫出你的孩子有出現但以上十大問題行為未提及的行為表現：

對父母來說，必須面對有以上這些問題行為的孩子雖然不容易，但也不是困難至極。選擇權就握在你的手中。請想想看：為什麼同樣來源的壓力會以不同的方式來衝擊父母呢？第二章裡將更進一步討論這些問題，即父母親對於孩子的有害想法，例如：常將「絕不能」、「一直」、「不應該」或一些對孩子的惡劣感受掛在嘴邊，譬如，「他這麼懶惰，出社會後不會有出息。」、「我為他犧牲那麼多，他從不知感恩。」、「去吧，去毀了你的前程，再看看我會不會在意。」等，諷刺的是，你和你的孩子其實都知道你真的很在意。而這些想法讓為人父母者感到無助和精疲力竭，他們無法一直對孩子維持正面的感受。能夠讓你擺脫挫折、生氣、失望和憤怒等情緒，以及脫離身心耗竭的臨界點，其秘密就在於你。別驚慌，我將會教你一些方法去處理這些有害的想法。

結語

這是一趟既重要又有回報的自我發現之旅，這將加深並強化你與孩子間的良好關係。當你繼續自我發現之旅時，請留意下列重點：

- 教養子女並不容易，當你期待會變得較容易時，這項工作就會變得更困難。
- 父母既有的成見，會對孩子有過度期待。
- 當你用負面的想法看待孩子，或是帶著成見和不好的心態來看待孩子時，你和你的孩子都會受到傷害。
- 與孩子維持良好關係的主要關鍵在於你，而非孩子。
- 當你對孩子的有害想法消除越多，你們的關係也就越密切，衝突也會越少。

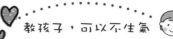

第2天

慢慢掉入有害的想法

你曾用心想過，究竟是什麼原因讓你的教養工作飽受挫折的嗎？讓我告訴你一個令人驚訝的訊息：並不是難以管教的孩子造成你的「父母親挫折感症候群」忽高忽低。請注意，我並沒有說你的孩子是個天使。我非常明白，孩子會激怒他們的父母親。這種情形讓你覺得自己不只像是一條上了鉤的魚，更像是一條離了水的魚。當孩子在渲洩他們的情緒時，並不意謂你一定要上鉤。這個章節裡，我將揭開控制你的感覺和反應的真凶面紗。答案是：這個人就是你。

能好好掌控孩子的父母，通常是那些比較能成功管理自己的想法和情緒的父母。這個說法是正確的：當你的頭腦越少壓力和混亂時，你就越容易留意到你的孩子。而且，這種情形也更容易讓你的孩子注意到你。

以下將告訴你一種比較實際的、健康的和有力量的思考方法，而且，這種思考方式將有助於提升你對孩子的了解、改善親子溝通與解決問題。真正的了解與有效地與孩子溝通，是相當重要的。同時，這也是因應艱難時期，以及維持幸福和密切關係的堅實基礎。如何成為稱職的父母，唯一秘訣就在你的內心深處。根據這個道理，我大幅改善自己的親子關係。許多接受我輔導的父母也有同樣的正面改善，因此，你也能改善你們的親子關係。

現在，讓我們來看一看什麼是有害的想法。

有害想法會造成親子關係緊張

我的第一本書《為什麼你不懂我的心？》幫助了許多夫妻克服有害的想法，而那些有害的想法可能會破壞他們的親密關係與傷害彼此的感情。內心藏著有害想法的親密伴侶可能會有這樣的想法：「他是自私的丈夫。」或是：「她永遠必須是對的。」當夫妻掉入有害想法的陷阱時，會嚴重損害彼此的了解與愛意。大多數有煩惱的夫妻都很擔心失去愛情，但是，他們也發現若一直專注在有害想法反而會大大減弱對彼此的同理心。而同理心可說是一種可將各種關係牢牢聯繫感情黏著劑。

當有害的想法繼續累積與惡化時，將會導致夫妻失和，甚至離婚收場。可悲的是，許多大人都是從嶄新的親密關係開始，慢慢陷入常對另一半抱持著負面想法的狀態。就像俗話說的：「如果不改變，就沒有任何變化。」

不少讀者曾與我分享，《為什麼你不懂我的心？》對他們的幫助真的很大。當我親耳從這麼多重新擁有親密關係的夫妻口中聽到這些肯定時，真的很滿足。而在心理輔導的工作中，我也不斷地看到學會控制有毒想法的親密伴侶，能夠更有同理心，彼此感情更深厚。

就像夫妻關係一樣，在親子關係中，父母對孩子的有害想法也會傷害親子間的和諧。但是，在教養工作之中，有害的想法似乎不易被發覺，也很難被人真正清楚地認識。在這種情形之下，有害想法對親子關係的傷害程度，甚至遠超過對夫妻關係的傷害，因為那些有害想法常常被隱藏或被否認。歸根究柢，當父母為了孩子的問題而煩惱生氣時，藏在他們腦海裡的那些想法，他們真正要承認的是什麼？

否認的力量很大，它是一種非常強大的限制力量，甚至會阻擋我們去學習如何克服各種挑戰，包括為人父母者所需面對的一切問題。除非我們去除否認的心態，否則，我們將一再重覆同樣的態度，永遠不變。本章中將幫助你打開心胸，讓你安心地面對那些可能造成親子關係緊張的陰沉詭異的想法。

我有時因為自己的有害想法作祟，感到的確難以勝任父親的角色，尤其是當我處在自我否認這種想法的存在時，或是在有意識地拒絕處理它的時候。這也是為什麼我會強烈地認為，一旦你能正視自我內心的想法時，即使當孩子正難以管教的時候，你也會比較能夠處理孩子的問題。你的自知之明將讓你在擔任父母的角色，以及人生的各種領域都能達到自我實現。

無法處理有害想法的父母會對他們的孩子抱著不好的感受，這種情形將會引發對孩子的負面情緒，而孩子也將因此感到被人誤解和與人疏遠。同時，這種情形也將演變成一種惡性循環：亦即身為父母者得到了「父母親挫折感症候群」。顯然，這是很重要的事情，為人父母者要將自己的想法和感受處理妥當，才能因應孩子的情緒需要。繼續看下去，你將會知道如何解決這個問題。

有害想法會滲透到各種家庭關係

我並不是唯一發覺夫妻關係與親子關係這兩者存在著類似的有害思考方式的人。有一個諮商者羅絲，她把個人的婚姻關係所出現的有害想法，與她的教養工作聯繫在一起。幾年前，我曾為羅絲和她丈夫作過夫妻諮商輔導。當時，羅絲有一個十歲大的行為偏差的兒子，名叫唐尼。有一天，羅絲比以往更有精神地跟我說了一項很有見地的看法：「傑佛瑞博士，我發現自己在面對唐尼時會不斷地出現有毒的想法，跟當初在面對我先生泰里時的狀況一樣。我簡直不敢相信，我究竟是怎麼了，竟然會覺得泰里和唐尼兩人都是麻木不仁的人！真是感謝呀，當我知道這種認知是扭曲的看法所造成時，就像被一塊一噸重的磚頭打到一樣。這些有毒的想法真的把我應付先生和孩子的挑戰的能力弄得亂七八糟。現在，我不再認為他們是壞人，也不會再用不好的想法來看待他們。」

當羅絲猛然省悟，學會用無害且不具判斷的態度，來對待她的先生和孩子時，她也獲得先生和孩子兩個人的合作和尊重。這樣的突破你也可以辦得到。正如你將看到的，當你排除了那些有害的想法，那麼，你所愛的人和你所重視的人（包括你自己本身），都將從你這裡獲得更公平和更平衡對待的機會。

親子關係是一輩子的，不論是好是壞

養兒育女的最大收穫，就在於親子關係不像夫妻關係一般，你不能選擇逃避。你與孩子間的關係，終其一生彼此相連。無論父母遭遇什麼困難，父母依舊是父母。即使親子間偶爾會異想天開地想要彼此互換角色，但畢竟不可能的。父母子女間的連結是很緊密的，甚至會延續到父母實際上已經不跟我們在一起的時候。身為父母，我現在已經可以預見我的「聲音」，不管是好是壞，在未來的日子裡都將迴盪孩子的腦海中。如果你回想第一章的練習二（參見P.52），你就會了解我的意思。

這數十年來，諸多研究報都告訴我們，緊張、破裂的親子關係對親子雙方的心理都會造成極大痛苦。你腦海裡所想的一切都將影響你與孩子間的關係。

不要讓「自我對話」變成失控的負面想法

一旦有了孩子，你對人生的看法將會大幅改變。身為父母，你開始要擔負起重大的責任，必須將孩子撫養長大，讓孩子自己能照顧自己。你的腦海裡不停轉動的想法，都是和孩子有關的事情。教養子女的工作，會帶給你許多充滿喜悅的時刻。但是，當我們面對各種壓力而心情不好，以及孩子不聽管教時，這個教養工作也常考驗著我們。**到底是什麼事情讓父母從欣賞孩子，轉變為覺得好像快被孩子給逼瘋了？那就是有害想法造成的**。

有害的想法不會自行冒出來。為了了解什麼是有害想法，以及明白也是怎麼像癌症一樣地啃噬你們的親子關係，造成關係緊張，你必須先了解你腦海都在想些什麼，也就是你每天的自我對話是什麼。

什麼是自我對話？那就是每天在你腦海裡不停出現的想法，也是整天你在心裡跟自己默默的對話。這些自我對話像是：「我必須在二十分鐘內接莎拉去練足球，再送吉米去練跆拳。吉米總是拖拖拉拉的，搞得我真是精疲力盡。為什麼老是在塞車？壓力好大，太不公平了。」或者是：「為什麼整個行程活動計畫不能安排得更好一點呢？」或者是：「我實在不知道還能跟這個孩子做什麼？」以上都是自我對話的例子。我們的腦海裡常回盪著類似的事情，偶爾也會自言自語。像這樣，自己跟自己對話並非精神有問題，是很正常的。

如果你真聽到了你的自我對話，你將大感驚訝。你就會知道你的自我對話是多麼頻繁，無論是搭車，或在超市排隊等結帳，或是盯著電腦螢幕，甚或是與朋友共進午餐，你都一直在自我對話。更令人吃驚的是，我們對自己的這種行為竟然了解那麼少。

自我對話的主題包括了生活上的任何事情，包括你自己、你的孩子、你的狗、你的工作，或是你的伴侶。自我對話也是你處理訊息的另一種方法。觀察自我對話的重點在於，不必管主題是什麼，而要看自我對話一再重覆的形態如何。就好像裝了一個「重覆」的內部記憶體，除非我們讓自己有意識地知道自己正在說些什麼，否則自我對話還是會一直繼續下去，而且，我們也會無意識地不斷消化那些聲音和內容。

不過，請放心，自我對話是很正常、健康的，即使有時候會出現負面的想法，尤其是當我們心情低落、悲觀看待事情時，就會出現類似下面的自我對話：「我現在實在沒辦法把事情辦好。」或是：「我今天似乎無法把事情做好。」雖然這些想法可能是不愉快的，但是都是正常的。

很多情況，負面的自我對話可能隱藏著部分事實。也許有時候你真的對女兒比較有耐心，而她說話時你會比較用心傾聽。至於自我對話的內容，從正面的想法到有害的想法都有。至於有害的想法，就是與現實完全無法連結的想法，或是已經失控的負面想法。有害的想法會使你失去正確的見解，與「希望我能更容易走出去，和鄰居媽媽們更親近些。」不同，有害的想法是扭曲的，就像「我跟鄰居媽媽們都都合不來，她們就是排擠我。就算交到一些新朋友又怎樣？每個人心裡還都不是認為我是個失敗者。」

正面／負面／有害的想法

導火線	正面的自我對話	負面的自我對話	有害想法
你送孩子去參加戶外活動日，遲到了。	「不管誰都可能遲到個一兩次，只要沒有耽誤到學校上午的活動課程就好了。」	「時間實在太趕了，沒注意到應該把準時送孩子上學的事情，放在最優先。」	「好像每次只要孩子有活動，我就沒辦法把事情做好。」
妳對孩子大吼大叫	「我也只是個普通人，這件事提醒我，反應前，多注意自己在想什麼。」	「有時候，我真的太大聲了。」	「我好像沒辦法控制自己的脾氣，我真是糟糕，做了錯誤示範。」
你的工作報告表現，得到負面評價。	「這是一個機會，讓我可以從錯誤中學習並改善。」	「這是因為我沒有時間做好準備，我要多加把勁了。」	「我永遠無法符合要求，一定會被解雇的。」

保持心緒穩定，比正面教育更有用

正如上面的「自我對話」圖表所示，當那些負面的想法繼續增強，加速形成時，你的生活將越來越痛苦。如果你以無所不包和非黑即白的思考方式，來解釋生活上的各種事情，甚至在不求甚解的狀況下，那麼，你的內在記憶便設定了對自己和別人，都充滿煩惱、不愉快的極端想法。太多負面的自我對話會對你造成影響，讓你覺得對自己、別人（包括你的孩子），甚至是整個世界都有敵意。此時，你的自我對話已經轉變成有害的想法，也是為人父母者的「父母親挫折症候群」從輕微症狀，轉變為嚴重症狀的轉折時刻。「父母親挫折感症候群」是指父母親在面對難以管教的孩子時，內心所出現的激烈掙扎、痛苦的心境。

當你的想法逐漸悲觀時，你可能很容易陷入無助，譬如，你會認為自己是個失敗者，或認為你的孩子只是貪婪的吸血鬼，或認為這個世界是個充滿痛苦的地方。也許你曾經這麼告訴自己：「我完全沒辦法管教我的孩子。」或告訴自己：「天下做父母的哪有像我這麼掙扎痛苦的。」等。

在後面的章節裡，我將告訴你如何克服對孩子的有害想法。請冷靜，發掘並擺脫你的有害想法，這是成為一位冷靜、平衡、稱職的父母的主要關鍵。但是，請容我必須坦白說；「我要成為一個正面思考的人，如此才能與孩子輕鬆相處」是辦不到的，正面的想法從生活中就可以獲得，也確實是有益的，但在面對子女，父母親只要能夠保持心緒穩定，將會比所謂的正面教養更有用。

如同越多人經過的馬路，路面坑洞會越多，然後路工隊就會出來整修馬路、填平坑洞，避免路過的車子受損。而健康的思考過程也是如此，也需要持續不斷的維護。請將本書當作重要指南，注意那些出了差錯的想法，並修正你的有害想法，避免進一步傷害你與孩子間的關係，這樣才能把你們的人生旅途鋪得更通暢。

找出有害的想法，並加以擺脫

黛比是我輔導過的一位客戶，在她的孩子邁入青少年階段前，她一直認為自己是個「正面的母親」。她第一次來尋求輔導時，剛好是她們夫婦和兩個小孩滑雪度假回來不久。黛比很仔細地描述當時自己獨坐在小木屋的情景，不斷想著如何逃避十三歲的女兒希妮的胡鬧和誇張行為。她甚至還一再告訴自己：「我一直很希望能看到希妮表現出任何比較正面的行為。」就當全家人一起在維爾渡假的時候，黛比突然間開始期許女兒表現出一些較正面的行為，可是，事實總是不盡如人意，她終究是失望了。即使黛比很努力冥思、用力地深呼吸，但是當她聽到希妮在旁邊不斷地喃喃自語：「媽，這個假期真的很爛耶。」她還是被女兒給激怒了。黛比一邊回想一邊告訴我：「傑佛瑞博士，當時我就像瘋了一樣，對著女兒大吼大叫：『妳從來不知感恩。』、『妳一直都是個被寵壞的小鬼。』我猜，我的想法有一點點中毒了，你說是不是？」

正如黛比所了解的，即使是正面思考的父母親與孩子間的關係也可能是脆弱的。不少想法正向的父母親最後還是來到我的辦公室尋求輔導，因為他們越來越不覺得自己與孩子間仍擁有和諧的關係。為什麼會這樣呢？事實上，從沒有一對父母能夠對這種事情免疫。父母對孩子的有害想法，包括：「你老是不做功課，你這一輩子注定沒出息。」或是：「你總是讓全家人沒辦法好好地過日子。」或是：「我從來不相信你，因為你連人在那裡、在做什麼，都在騙我們。」即使你愛你的孩子，但是，當你有以上這些想法時，你就不會喜歡你的孩子。

顯而易見的，親子關係處理起來是很微妙的。對大多數的父母來說，當他們開始如此看待自己的孩子時，都會感到無比的羞辱與難堪。尤其是對有兩個孩子以上的父母親來說，當他們對其中一個孩子的有害想法比對其他的孩子還多時，他們會感到很內疚自責。而且，這種令人煩惱的想法總是潛伏在內心。為什麼會這樣？因為大多數父母都沒發現他們的想法已暴露在外了。

請別煩惱，以下將告訴你如何簡單發掘有害想法的方式，協助你摸索有害想法出現的線索，進而避免讓它們控制了你。此外，以下也將會告訴你，一旦你有了特定形式的自我覺知，即所謂的「父母的留意用心」，那麼，你就能學會易運用容易的排除有害想法的策略。當你對有害想法越了解，你就越能明白為什麼光這樣想——「好吧，我就一直對孩子保持著正面的想法，事情定會好轉。」是沒有用的。事實上，**你真正需要做的，就是找出那些有害的想法，並加以擺脫**。有害的想法一旦開始惡化蔓延，只會變成毒性更為激烈的惡意念頭，並造成嚴重的傷害。請記住：你越是抗拒，越是會繼續下去。

當黛比明白為什麼自己那麼努力處理與女兒希妮的關係，卻還是找不到問題所在的答案時，感到相當震驚。其實，她必須學會以更有智慧的方式來處理與女兒間的問題。她這種將自己孤立在小木屋內，就想說服自己與女兒的關係能好轉的作法，只會令自己倍感挫折罷了。後來，她與她的先生一起接受輔導，當他們兩個人學會一些很受用的技巧後，他們對女兒希妮和其他孩子的感受都變好了，也更滿意孩子們的行為。在此，我將告訴你我究竟教給黛比哪些技巧，而且，也會將教給其他諮商者的處理技巧一併都傳授給你。雖然努力是必須的，但你更應該學習如何運用智慧來做事，而不只是默默地努力而已。

不切實際的期待會造成挫折感

許多父母因為與孩子間的裂痕越來越大而尋求諮商輔導，他們往往眼眶含淚、傷心透頂，內心充滿挫折、迷惑與痛苦。當黛比心情緩和下來，找到她對女兒的有害想法，也檢視過那些有害思想後，她就明白該如何處理自己的痛苦了。她成功的關鍵在於，首先利用時間了解自己，再將那些阻礙她無法真正了解孩子的有害想法予以排除。

接下來，我們將披露許多珍貴內容，讓父母教養兒女之餘也能逐漸感到滿足。沒錯，你自己也要多多加油，對原本較不疼惜的孩子，開始多一點疼惜、多費點心力，給予合實際的期待。你對孩子的期待越多，越需要多費心力，而越是盡力，孩子的表現也就會越好。

可嘆的是，許多父母常會以為教養工作很容易，或以為只要處罰就能讓孩子尊敬父母。這種想法既荒誕又悖離事實。你還記得嗎？在第一章裡，我曾提到「應該」這個字眼大有問題嗎？「應該」的想法一出現，就會導致僵化的期待、產生羞愧的感受，當我們或是我們所認定的人無法符合期待時，套用亞伯特．埃利斯博士(Dr. Albert Ellis)的話，請不要再對自己和自己的孩子說「應該」怎麼做之類的話，而是保持能掌握的與實際的期待。正如第七章中將敘述的，**可以改用「願意」或**

「考慮」來取代「應該」一詞，如此即可以消除內心的壓力。

讓我們繼續看下去，你將更進一步了解有些未曾想過的方法，如何有效地控管你的想法。接下來將幫你上一堂非常重要的課，那就是如何真正了解你的有害想法是什麼？以下將告訴你一個非常有效但簡單的方法，以改變你的思考方式。你將學會當有害的想法出現時該如何加以處理？而且，你會不敢相信你與孩子的關係竟然可以這麼迅速地改善，這真是令人嘖嘖稱奇。

首先，讓我們先看一看你的自我對話，它在你與孩子的關係中如何發生作用。

為什麼有害的想法這麼難以捕捉？

有一位來做輔導的媽媽夏洛特很不快樂，挫折感很大。她是一位內心很掙扎的年輕媽媽，育有一個罹患疝氣的小寶寶，和一位偏差行為的六歲小孩。夏洛特為了孩子問題、討厭的工作與產後體重依然過重等問題，感到身心俱疲。我們初次見面時，她告訴我：「我的生活糟透了。我是個注定失敗的肥婆、無能的人。」

當我跟夏洛特解釋什麼是有害的想法，以及有害的想法對於她想要改變家庭和個人生活會有不良影響時，她馬上說：「喔，我不是來談這些的。我的問題是，我感到非常地挫折。」雖然夏洛特真的有個人的挫折感，但是，她必須先了解具有傷害性的自我對話如何造成與引爆負面的想法和感受。為了幫助她理清頭緒，我提供夏洛特關於有害的自我對話的書面例子，如下所示。

有害的自我對話的例子

- 「如果我失敗了，我是一文不值的、沒有用的失敗者。」
- 「我什麼都不會。」
- 「我的孩子行為不佳，所以我一定是個差勁的母親。」
- 「對我而言教養子女的工作應該很容易，就像其他人做得那麼愉快。」
- 「我應該做任何事情都能非常成功。」
- 「那些積極參與足球隊事務的家長，個個當爸爸都比我當得好。」
- 「為了變成有價值的人，我必須得到每個人的認同。」
- 「我無法承受真正關心我的人，對我不認同。」
- 「我沒有一件事情能做好。」
- 「生活上的大小事都會讓我覺得很焦慮。」
- 「那些媽媽們只是假裝喜歡我而已。」
- 「如果其他人知道我過去的失敗，他們就完全不會尊敬我了。」

接著，我要求夏洛特撥出一個星期注意她的自我對話的內容，並將出現在腦海的內容記錄下來。下一次我們再見面時，她帶來一本筆記簿。在那本筆記中，她寫下隨時出現的想法，例如：「就因為沒完成大學學業，所以，你以後的日子注定得待在這個工作上了。」或是：「你怎麼這麼胖，你永遠都減不了肥了。」或是：「你沒辦法幫吉米找到玩伴，因為妳不像其他媽媽那樣常常聚在一起。」

的確，夏洛特對自己的想法感到驚訝不已，她完全不知道自己有這麼多有害的想法。她說：「哇，我完全不知道。這都已經變成一種習慣了，原來我一直用這種想法看待自己和自己的生活，我甚至不知道自己有這些想法！」

常出現有害的自我對話的人會有教養方面的壓力

夏洛特自己痛苦，也傷害了個人的自尊和自信。正因為夏洛特是抱著有害的觀點在教養孩子，所以自然會遭遇很多困難。由於有毒的想法如影隨形，而夏洛特不斷的過度反應，於是她藉著壓抑來懲罰自己，用暴飲暴食來自我安慰。

當父母備受有害想法困擾時，他們的孩子也不會有好的行為表現，因為這些想法阻礙了父母了解孩子，更無法契合孩子的情緒需求。當然夏洛特也很愛自己的孩子，但由於自尊心太低落，所以她很害怕自己的孩子會陷入和她一樣無助的狀態。

事實上，許多自尊心低落、充滿有害想法的父母所養育的子女往往也很痛苦。

有害的想法是夏洛特必須處理的唯一問題嗎？當然不是。孩子的問題與其他生活上的挑戰也都是她必須克服的問題。但是，一直停留在她內心的想法，才是最大問題的源頭。排除有毒的思想之後，接著就是協助夏洛特改變生活狀態，朝正面方向前進。這並不容易，且需要花費心力，但是，現在夏洛特已經是個快樂的母親。

父母一旦出現挫折感時，可能很難與孩子維持一個明確、合理、開放的關係。因為如果你無法與自己維持良好的關係的話，自然也無法與孩子維持良好的關係，正如俗話說：「必須先愛自己，然後才能愛別人。」從許多個案都可以發現，**我們對孩子的有害想法，很多都與孩子無關，而是與我們自己的「事情」有關。我們的童年經驗，也就是所謂的過去的「包袱」或「情緒幽靈」，往往讓父母產生不切實際的期待或成為「爭執源頭」，而這些事都將引發我們對孩子的有害想法。**

造成有害的自我對話的原因

對孩子的有害想法之所以產生，通常是因為這些父母急著要孩子成就他們辦不到的事情，譬如，更專心聽話、做事更積極、結交更多朋友，或是考更好的分數。此外，父母的痛苦也可能因為他們不希望孩子做某些事情，孩子卻偏偏做了，譬如，跟父母頂嘴、考試分數不理想、把房間弄亂，或欺侮兄弟姊妹。

此外，父母的童年經驗，也會從父母對待孩子的態度顯露無遺。譬如，孩提時被認為是缺乏責任心的孩子，在成為父母之後會為了變成一個負責任的父母而奮鬥不已；孩提時被認為是懶惰的孩子，成為父母之後也許會對自己的孩子太寬容，因為他們深怕給孩子過度的壓力；曾被貼上「萬人迷」標籤的父母可能會過度強調孩子的吸引力。當然我們可以列舉出更多例子，但問題的重點在於，要注意父母的這種態度所帶來的衝擊和影響，的確，過去如何並不意謂著未來會怎樣，為人父母者可能脫胎換骨，擺脫過去的負面想法與自我限制，並往正面的方向成長，但在許多狀況下，這些改變也需要自知之明和努力不懈。

在此必須清楚指出，低落的自尊心並非造成父母的有害想法的唯一原因。我確實認為絕大多數父母對他們的孩子都有不同程度的有害想法。有些父母的有很強的自尊，可是，他們卻很難理解自己的孩子為何如此難以管教，為什麼與他們差距這麼大。有些父母則因為孩子有焦慮、挫折、注意力不足過動症或原本就有的情緒問題而備感沉重壓力。

但是，我不是想法有害的父母

你也許這麼想：「嗯，傑佛瑞博士，這本書並不適合我，因為我的孩子才是問題來源，我並不是一位想法有害的父母。」有位父母告訴我：「哎，我對孩子有什麼想法，並不是我的問題。」接著，說出一長串他們對自己孩子不喜歡的事情。我知道有些父母仍有所懷疑。但是，當他們吐露心聲之後，我也跟他們分享這個看法，有害的想法很可能是造成他們有「父母親挫折感症候群」的原因，尤其是那些無法坐下來與孩子真心討論的父母。順便一提，對孩子說教，或對孩子咆哮，都不能算是徹底討論問題，最關鍵的是，如果你與孩子有溝通上的困難、彼此間存在著無法解決的衝突，或常對孩子大吼大叫的情形，那麼，那些想法可能已經開始妨礙你們彼此間的親子關係了。

你要了解，即使你看待自己的想法偏向正面，但對孩子而言，你可能還是一個抱持有害想法的父母。也許在婚姻關係中或面對難以應付的同仁時，你都成功避開有害的想法，不過，令許多父母失去平衡的，就是那些有害的想法大部分是直接對孩子爆發。或許這個事實確實駭人聽聞，可是，對許多父母而言卻難以承認。

試著把你對自己和孩子的任何強烈的負面想法都記錄下來。當我請諮商者回家做這些練習時，多數諮商者都發現自己真的很容易出現有害的想法。那會阻撓你喜歡自己鍾愛的孩子。

你是一位想法有害的父母嗎？請用自我對話加以檢視，也許你不認為自己是個想法有害的父母，而是一個自尊心很強而且能維持正面自我對話的父母，我希望你真的如此。但是，事實上，你可能是一個思想有害的自我對話者，但你自己並不知道。在確定自己究竟是不是個想法有害的人之前，請留意傾聽你對自己和孩子的想法是什麼。你可能會大感驚訝。

這個練習很簡單，只要撥出幾天時間，提醒自己傾聽內心的聲音。每次當你捕捉到你對自己和孩子的想法時，就記錄下來在一張紙上，格式如下：

你對自己的想法

正面的想法	負面的想法	有害想法
例子：「我今天做得很好，儘管女兒有些情緒，難以應付。」	例子：「最近，我希望家庭生活可以輕鬆一些。」	例子：「我只要不發脾氣就沒辦法管教孩子，搞的自己很痛苦。」

你對孩子的想法

正面的想法	負面的想法	有害的想法
例子：「她可能比較敏感一點，而且這樣也好，能幫助我記得那件事。」	例子：「我希望她不要這麼難管教，這樣我真的很困擾。」	例子：「她又開始鬧了，她就是希望我痛苦。」

當你做這個練習時，請記住負面想法和有害想法的差異在於兩者的強度和頻率不同。如果你一邊看電視，一邊大啖巧克力聖代，卻還時時刻刻或天天都覺得心情惡劣。譬如心裡想著：「我又胖又邋遢。」，這就是有害的想法。如果你的女兒上學遲到了，你卻告訴自己：「也許我們必須重新評估一下早上準備上學事宜的生活常規。」你這麼想時，是因應女兒遲到的正面想法。但是，如果你馬上作出這樣的結論：「她到現在還沒辦法自己照顧自己，以後出了社會怎麼照顧自己，怎麼保得

住工作。」那麼，這就是用非常強烈的負面想法在看待孩子的事情，很可能是不正確的想法。因為你這樣的想法並不是針對某一狀況或體驗而發，而是以總括的、負面的詮釋想法在看待孩子的問題。

你的想法會強烈的影響著你的感受

有害的想法具有強大的影響作用，因為它會對你的感受與反應造成深遠的影響，這一點很重要。當我們跟自己說話時所想到的東西，並不只是在腦海裡進進出出而已，這些想法會固定在那裡。我們的感受、情緒和行為會受到我們的自我對話的驅動。我相信，你曾聽過自己或是認識的人這麼說：「我不知道為什麼，但我覺得自己今天對他超有耐性的。」或是說：「我自己也不清楚，為什麼會對女兒這麼生氣。」這一切都在證明隱藏在內心的自我對話的威力。**你的想法可以讓你對孩子感覺很棒，也可以讓你對孩子感到失望、生氣或傷心**。

如果你一再告訴自己，你的女兒不負責任、很懶惰，那麼，你對她會有什麼感受呢？當然是很糟糕的感覺！你會覺得自己好像與一個不負責任、懶惰的孩子處在緊張關係，而且也許終其一生都將如此。

如果你出現這樣的自我對話：「她搞得全家都很痛苦。」這個聲音不停的出現，那麼，你一定要徹查清楚生活中究竟是哪件事或經驗造成這種情緒，確實證明與女兒的關係。你自己會感覺很難過，因為你的女兒把整個家庭生活搞到如此痛苦不堪。此外，彼此間是處在什麼樣的親子關係，令你讓這些有害想法長駐內心深處？答案是那種親子關係並不是很強的連繫。

你也可能會使你自己的身體生病。曾有一位同事告訴我這麼一句話：「我們的身體在流淚，而我們的眼睛卻拒絕流淚。」一部分我輔導過的人士在我的辦公室內抱怨他們的胃痛、皮膚癢和偏頭痛，都是因為家庭的緊張關係已經飆到最高點所致。如果你是一位想法有毒的父母，你可能會有高血壓、失眠、暴飲暴食的問題。毫無疑問的，當我們的想法和言語是有毒的時候，我們會感覺中毒了，譬如出現壓力沉重、嚴重疲累、常感挫折與焦慮。

所以，即使你不知道自己說了對孩子是有毒的想法，那些有毒的想法仍然會影響你的感受和行為。如果你每天或在受到挑戰的情況之下，對自己說了對孩子是有毒的想法，最後即使並非事實，你仍會將那些有毒的想法視以為真。所以，現在你開始了解這些思考模式如何影響了你，快停止激化有毒想法的產生。

有害的想法會讓事情成真

另外，我們也忽視了一個事實，這些沒有事實根據的有害想法還會形塑我們的經驗。很驚人，是吧？我們竟然能對無來由的想法信以為真，甚至我們根本還沒意識到自己竟然有這樣的想法！

因此，即使我們並非惡父母或失控的父母，我們卻還是能說服自己，對方就是自己內心所想的那樣子。或者，即使孩子有許多優點，但你卻只聚焦在孩子的缺點，那麼，你將是以不公平且負面的態度來看待他。這是非常可怕的！

有害的想法會造成家人的有害行為

我不斷地看到許多家庭陷入危機的轉捩點，往往是父母親中的一位，或兩位都是，或是家中某個孩子出現焦慮或挫折後，轉為厭食、暴食、酗酒、吸毒、亂搞關係等。即使不是主要的因素，有害的思想也是造成這種情形的重要原因。通常這些人前來接受治療時，都是已經被有害的想法襲擊多年了。

或許是因為心情憂鬱的關係，讓這些父母「失去自制力」，有害的想法往往會刺激父母對自己的孩子作出有害的行為，包括：嘲笑、咆哮、恐嚇、威脅、羞辱、欺騙、不理不睬，甚至毆打孩子。正如一位少年告訴我：「就像把他們腦海裡所有的謾罵言詞都倒向我，我父母罵我大笨蛋，還對我說了很多難聽的話。」

看到有些做父母的人無法了解他們的有害想法與他們的有害的行為是大有關聯時，讓我感到非常痛心。當父母對孩子抱著有害的想法或作出有害的行為時，他們的親子關係將會很痛苦。

控制你的有害想法，別讓它控制了你

長久以來，許多哲學家和心理學家都在研究思想的力量。蘇格拉底說：「未經審查的生命是不值得活。」羅馬哲學家艾彼科蒂塔斯也說：「人不是只被事件所干擾，而是被對該事件的看法所干擾。」此外，佛教也說：「一切唯心。」我每次看到我的輔導對象，我知道他們的思想的力量真的很偉大。

根據這些偉大學者的智慧，是不是能如此加以推論，我們是否能排除這些有害的想法，並改變我們對事情的看法呢？沒錯。這就是現代心理學的基本理念。想想看，如果我們能停止對於自己與教養子女工作的破壞時，我們將多麼自由自在。再想想，如果我們能處理孩子發生的真正問題，而不是用扭曲和有害的想法來看待孩子，那麼，我們的感覺將會多麼地美好。

當你修正一下對孩子的想法，你真的會感覺更好。所以，內心的想法很重要。

我建議採用「我誠心承認有錯」的想法，或「我得到一次很重要的學習經驗」的想法，以取代「我有責任」的想法。此外，你也必須改掉「我很懶惰」的想法，以「我正在充電中」的想法取而代之。最後，我建議你採用「我們即將有一個解決方法」的想法，來代替「我是個失敗者」或「我好挫折」的想法。

沒錯，做為一個能夠留意孩子並抱持著健康想法的父母，需要多一些努力。就像電燈發明人總是抱著光明想法的愛迪生說：「我並沒有失敗，我只是發現一萬種行不通的方法。」而我們知道，製造一個電燈炮比養育孩子容易多了。

你沒想過如果你能排除有害想法，就會有不一樣的感受嗎？答案是絕對不一樣。你沒想過如果能夠排除對孩子的有害想法，你就會對孩子產生更良好的感受嗎？這個問題的答案，當然也是絕對不一樣。

學習如何重新思考，以及如何處理自己的有害想法，是讓自己對自己和其他人的感受更美好的重要關鍵，也是達到正面改變的關鍵。善用在後續章節將提到的健康、實際和正面想法的新技巧，你就能成為一位既穩定又中庸的父母。

去除有害想法將讓親子溝通更順利

你可以學習重新思考過去曾經發生讓你深感挫折和壓力的事情，尤其是與你的孩子有關的事情。如果你發現自己是個想法有害的父母而感到驚訝喪氣時，請不要恐慌。我曾輔導過很多想法嚴重有害的家長，讓他們革除舊習，找到自己的有害想法並改變，同時也堅持那些改變，你很明白有很多心理方面可以求助的對象。如果你跟孩子走在街上時，突然有一部車子朝著你的孩子急駛而來，你會不會趕緊抓起你的孩子、保護你的孩子？你當然會！這就是留意。我在第五章將會告訴你如何對孩子多加留意的方法，這樣你也會對有害的想法保持警戒。

本書所提供的各種方法將會協助你，讓你對自己的情況以及周遭的人有不一樣的行為或感受。請想像一下，你不再受制於「父母親挫折感症候群」的困擾，你用不一樣的方式來思考，你不再說：「我很生氣，我要把女兒掛在外面晾乾。」而是說：「我敢生氣看她。」你也不再把兒子當作是「騙子」，或認為他是「對你誠實他會感覺不舒服。」可是，我不是在談父母所說的話改變了，我要說的是父母對孩子的想法和感受的改變。

這些可以歸納成一個簡單而有力的理解：我們對生活中所發生的事情的思考方式，會直接影響到我們對於那件事情與自己本身的感受，無論好壞。好消息是，我們能藉著控制我們的思想和感受，來控制我們的行為。當你將這套新的思考技巧運用到親職工作時，你會發現，它讓你與孩子的關係更加密切。你會感到與自己的孩子更能溝通互動，也更了解彼此。

結語

今天你已經獲得驚人的理解。做父母的你已經知道你的想法，無論好壞，都深刻影響著你的態度和行為。我欽佩你內向觀察的勇氣，而且，想到以全新的方法與孩子溝通，為孩子的人生帶來非常重要而長期的正向變化。在我們繼續向前邁進之前，請將以下幾個重點謹記在心：

- 教養的工作是困難還是容易，全看你對孩子的想法如何。
- 我們都會自我對話，而那也會形成我們對於孩子的感受。
- 你對孩子抱著有毒的思想，不管你是否有自知之明，都無法逃避孩子覺察。
- 你的教養工作成功與否要看你對孩子的想法和反應，尤其當孩子難以應付時。
- 你有自由選擇你對孩子的想法、感受和反應，雖然這些需要你花些時間，但是，這麼做比你所想像的還更容易。

第3天

認識教養工作的九種有害想法

幾年前，洛琳曾經找我做過輔導諮商。她有一個常常生氣，老懷著惡意念頭的十四歲女兒，洛林對她幾乎無計可施。洛琳說：「她只會一直跟我要這個要那個，毫不節制，我已經沒有東西可以給她。」洛琳接著又說：「她不知感恩、很自私。我希望有別人來照顧她。」

正如你所想的，洛琳真正想知道的是，如何以不同的思考方法脫離教養工作的困境。究竟是不是她的女兒有行為上的問題？最初，洛琳很傷心地跟我說：「傑佛瑞博士，你也看過她，她也很討你的喜歡，就像她跟別人在一起時一樣。但是，她卻很討厭我，而你卻要求我改變自己？」

我先讓洛琳盡情地發洩，然後，在我的鼓勵之下，她做了一些自己從未想過的事情。經過一週後，她觀察自己的想法，也觀察自己看待女兒的負面想法，終於發現有些想法的力量，真是無比強大。當她越了解自己的想法時，她的女兒就越信任她，對她越能敞開心胸。

你知道，當你內心充滿有害的想法時，那麼，你將很難聽到孩子的感受。反之，當你敞開心胸，帶著想了解的心，並拋開自我，美妙的回報就會等著你。

但是，許多做父母的人卻跟洛琳一樣，站在另一邊。他們最初提到的內心感受，就是身心俱疲。他們在處理孩子的問題時，想法很複雜混亂，充滿煩惱和失望的感受。但是，他們無法等待自己的孩子變成「好孩子」，或讓自己的孩子做出更好的選擇，反而先選擇察看自己的態度，尤其是以有害的想法看待自己的孩子。

現在，正是在你的混亂頭腦之中加進一些陽光的時候，以驅除藏在你的頭腦之中的那些黑暗的想法，這裡所謂的陽光就是「自我覺知」。一旦你真正知道那些惱人的想法是什麼，也知道如何去管理這些有害的想法時，那麼你的「父母親挫折感症候群」也將會降低。

是的，在這一章我將給你一些挑戰，也將促使你進步到一個新的境界。你可能覺得面對自己的有害想法，是件很可怕的事。為什麼不會令人害怕呢？因為我們所討論的，就是你對孩子的想法和感受！但是，其他的想法更可怕。那些潛伏在內心的想法，遠比已被發覺的、經過處理然後放下的想法更為危險。譬如，你或許曾跟朋友或另一半這麼說：「我覺得快被孩子逼瘋了，就好像我對任何事都無能為力似的。」或是：「我不知道為什麼心情一不好，就會對孩子大吼大叫。」就像水庫裡的水一直湧向水壩一樣，有害的想法也會不斷累積，有時候不斷出現的煩惱、悲傷和不安會逐漸把你壓跨，甚至發生情緒爆炸、大發脾氣。但是，很快的你就會不再這麼說：「我希望我能知道如何才不會因為孩子而承受這麼沉重的壓力。」因為你即將知道該如何處理。

對有害的想法加以否認看來很誘人，但否認有害的想法將會付出代價。做父母的人很容易將那些對孩子的負面想法看作是不具有傷害性的，因為那些想法存在於我們的內心深處，而且，我們也說服自己，認為孩子們不會真正感覺到我們對他懷著負面的想法。但是，你可記得我曾經說過孩子有他們的雷達偵測系統嗎？當孩子感覺到你的負面想法時，他們常常會封閉，並與你保持距離，或是以其他方式因應，甚至以偏差行為抵抗你。

請記住，你並不孤單。大多數的父母都被有害的想法所包圍，只是不自知。或許你覺得不應該以任何負面的想法看待你的孩子但你一定很努力想做個「好」爸媽，否則，你也不會閱讀這本書。我跟你保證，你跟有害的想法奮戰纏鬥，很多父母的常有現象。正如你將學到的，正是因為你對有害的想法做了什麼或不做什麼，而決定你是否是一位稱職的父母。

沒錯，為了要克服有害的想法，你需要更努力，你正在自我了解和控制方面向前邁進一大步。但是，與處理不斷升高的緊張關係與不斷增加的誤解相比，這項工作真是輕而易舉。相信我，根據我輔導過許多遭到誤解的孩子與備感挫折的父母的經驗，這項工作是值得努力去做的。

你遠比想像中更需要控制

關於照顧子女的問題，已經有很密集而科學的研究，而且，對於父母強烈地想要照護孩子的情感，也可以追溯到中腦部位的功能。中腦執掌著我們的情緒、注意力、動機、同理心、決策，以及其他為了勝任複雜的教養工作所需要的各種思考的功能。我們如何符合孩子的需要，並且，在情感上與孩子有所聯繫，無疑是內建機制。但正如你將看到的，我們的大腦也是很有彈性的，能學習新的思考方式。

根據大部分研究顯示，人類的大腦一直要等到二十五歲左右才能全部發展完成，因此，作為大人，我們比孩子更能控制自己的想法和情緒。雖然我們要求自己的孩子要有合理的行為標準，但是，這一點與記住我們大人的大腦是已經完全開發的，同樣地重要。所以，你要設定一套健康的想法和反應的範例，這很重要。除了我們的內建機制那的部分，我們還有一套依據教養決策的信念，亦即包括社會的態度、原生家庭的看法，以及我們的個人意見。

在大腦生理學和我們的信念兩者之間，你可能會相信，作為一位父母親，你的想法絕大部分已經無法改變。對此，我很不贊同！傑佛瑞・史瓦茲與夏倫・貝格利在他們的著作《心靈和大腦》中也指出，強迫症的患者可以透過新的思考方式，改變他們的大腦活動和生理機能。這點很值得注意，從改變大腦的想法著手，不管有沒有服用藥物都一樣的重要。同樣的結果也出現在有挫折感和焦慮症的患者身上。我也從心理輔導的個案和讀者回饋中，一再看到許多做父母的人可以完全改變他們的教養工作的態度和行為，而且，大幅進步。

最令人振奮的是，一旦做父母的人改變了他們的思考方法，孩子的反應也跟著有所不同。我初為人父時，很困擾的是有一個僵化的想法，認為我的工作就是「管」我的孩子，這讓我很想要控制和支配孩子。我最後發現這麼做，只會帶來孩子的怨恨和抗拒。因為傳達方式出了問題，孩子並未注意到其實我最關心的是他們的這個訊息，而且，孩子的偏差行為也不斷升高。但是，當我改變了想法，以了解孩子取代命令和支配他，奇妙而正面的改變便出現了。如果我做能得到，你也能做得到！當你知道對孩子保持冷靜、以支持和建設性的態度對待他們時，那麼，孩子在情緒方面就會更堅強與健康。

請你記住，每一位父母的有害想法都有各自的門檻，有些父母會比別人更容易掉入有害的想法。譬如，同樣面對每次進出房間都要跨過散落一地的背包和鞋子，有些母親的反應可能是對孩子很生氣，但是，還不致於大動肝火；可是有些母親，儘管只是偶爾才出現的狀況，也很可能卻掉進「父母親挫折感症候群」的漩渦。

現在，我們將開始討論這一章最前面所提到的那些明亮的陽光。以下我們將描述九種不同的有害想法。你可能會發現自己也有其中一、兩種有害的想法。不過，這是很普遍的。你可能剛開始「看不到」這些有害的想法，直到你跟孩子發生了一些問題，突然間，你陷在親子的爭執之中，才發現自己這麼想：「沒錯，這種情況似乎有些熟悉。」

許多感到驚訝的父母曾跟我分享他們的感受，當他們腦海中浮現一、兩種有害的想法，或甚至這九種有害的想法都有時，心裡感到「內疚自責」。請記住，你並非因為有這些有害的想法而受審，而我們也不是在追求做個完美的父母！我們所陷進的有害想法，人人不同。不要擔心你有多少個或有哪一種有害的想法。你只要敞開心胸，繼續讀下去，看一看有哪一種有害的想法與你產生共鳴？在後面的章節，你也將學習如何放鬆心情，以及如何在有害的想法出現時，留意去「捕捉」它，同時，從長遠來看，你也將學到具體的策略以克服有害的思考方式。

教養工作常見的九種有害想法

以下是讓做父母的人非常痛苦的九種教養工作上常見有害想法，前面五種屬於需要經過一段時間醞釀形成的；而後面四種則屬於突然爆發的憤怒情緒的後果。但將有害想法分成這兩大類，並非是固定的或絕對的，有些反應較輕的有害想法有時候可能會突然暴發，有些反應較重的有害想法有時候可能較為克制。

逐漸發作的有害想法

1. 陷入「總是或從來不」的想法陷阱：

朱莉是一位常常被女兒激怒的母親。她經常跟十三歲的女兒瑞秋發生衝突，因此，她透過做瑜伽、靜坐或打跆拳來化解情緒。朱莉為了女兒不知感恩和情緒化的發脾氣而想到向外求援。朱莉一直都很負責，女兒晚上睡覺前，她都會摸一摸女兒的頭髮。她常聽到女兒跟她抱怨學校老師對她不公平、同年級的女生有多壞之類的。夾在瑞秋和兩個妹妹之間，朱莉覺得要洗的衣服，足以塞滿一家自助洗衣店！

朱莉的心裡充滿有害的想法。她不再看到瑞秋美好的一面，因為被女兒不好的一面所掩蓋。當朱莉陷入「總是或從來不」的有害想法的陷阱之後，越來越覺得真是受過了。她說：「傑佛瑞博士，這個女兒從來不滿意我為她做的一切。她在家裡總是製造戲劇性事件，她從不關心別人，只關心自己。我實在身心憔悴了，只能投降屈服。」

當做父母的人抱著破壞性的「總是或從來不」的有害想法時，他們看待孩子的方式是完全負面的。譬如「你從來不好好用心讀書。」、「她一直欺侮她的弟弟。」、「當我理性地想跟他好好談一談時，他從來不屈服。」事實上，當我們使用「總是或從來不」這個字眼時，並不是很正確的用法。我知道許多父母會有那種感受，但是，你的孩子的問題行為並不是真的一天二十四小時都在發生，或是一個星期七天都在發生。我不相信你的孩子的行為真是這樣。

不過，當你讀到這裡，也許會說：「但是，傑佛瑞博士，我真的是那麼覺得。」我知道確實有那種感受。但是，這是因為你陷在挫折感的痛苦之中。你認為孩子似乎總是都在做錯誤的事情，或從來不做正確的事情，這是因為你對他的看法遭到扭曲。事實，大多數的孩子都有一定程度內的行為表現。但是，在「總是或從來不」的有害想法作祟之下，將會導致過度誇張孩子不討人喜歡的那一部分。

當人們受到傷害或遇到其他的煩惱時，常常會在大腦縈繞著或是從口中冒出很多「總是或從來不」的有害想法。根據我從那些深感苦惱的父母那裡一再聽到的訊息，我可以告訴你，這種的有害想法，無疑是做父母的人最普遍抱持的一種想法。

為什麼做父母的人一開始就掉入「總是或從來不」的有害思考習慣呢？其原因就是為了減輕情緒的壓力和緊張。想想看，當你的孩子的敘述和行為沒有什麼意義時，你對自己會說什麼。（他怎麼總是會忘記上完廁所不沖水這件事，會讓我抓狂呢？）或是在孩子不合作時，你對自己會說什麼。（不先跟我大吵大鬧一番，她就從來不會清理自己的房間。）總之，你必須找出一個方法，將這些令人抓狂的事情合理化。而且，「總是或從來不」的想法，會讓我們以為這個問題是無法處理的。那樣的想法，就是放棄和失去信心的表現，無法得到建設性的解決問題。

我知道，所有的憂慮只是因為你竭力想讓孩子能夠「出人頭地」和幸福快樂。諷刺的是，反而造成沉重壓力，使你和孩子更痛苦不堪。當你向自己解釋孩子為什麼會這麼難以管教時，你就很常容易受到誘惑掉入「總是或從來不」的思考方式。這種想法產生的破壞力，遠多於保護作用。當你看待孩子的問題時，是使用「你總是……」或是「你從來不……」的想法時，就會更難以了解孩子，拉大彼此了解的差距。而且，當你把這些想法轉換成口頭的言語表達出來時，我敢跟你保證，孩子的眼睛一定瞪著你看！

所以，如果你拿女兒作測試對象，你對她說：「你從來不聽話。」或「你總是做最簡單的事情。」，那麼，她一定會採取防衛或逃避方式因應，或完全關閉溝通管道。當你對孩子表示（或放在心裡或表達於外）：「你總是愛找我的碴。」或「我做的事沒有一件可以讓你滿意的。」，接踵而來的是各式各樣的討論和問題需要解決。

成功的教養孩子，要從優點到缺點全面性地來看待孩子的行為。養育一個情緒健康和獨立自主的孩子，並不在於期待自己的孩子成為什麼樣的人，而是你要接納自己的孩子所想要變成的那種人。做父母的人藉著認出「總是或從來不」的有害想法，就能踏上康莊大道，協助你的孩子變成一位健康與充分自我實現的大人。

2. 對孩子貼上負面標籤：

「他很懶惰對孩子」、「她很敏感」、「他是騙子」、「她很情緒化」以上這些想法都是有害且潛伏害處的貼標籤作法。做父母的人如果有這些想法則可能對孩子產生害處。當做父母的人開始以固定的方式看待自己的孩子時，原來的「總是或從來不」的想法就會轉變成對孩子貼上負面標籤。可悲的是，俗話：「給孩子貼上什麼樣的標籤，他就變成什麼樣子。」這句話一點都不假。給孩子貼上有害的標籤，很容易讓他失去正面改善的動機。

葛斯有一個十七歲的孩子藍尼，他認為藍尼很懶惰。可是，藍尼不僅是個黑帶的空手道選手，在學校裡也很有人緣，同時，也在當地超級市場兼差打工，只不過他的學業成績表現並不好，很可能只能去唸社區大學而已，因此他的父親對他非常失望。藍尼並不像他的父親，對學術研究有很大的興趣。因此，葛斯在處理與孩子不同的看法時，用了最容易的處理方式，就是把藍尼貼上很懶惰的標籤。

做父母的人對於孩子的問題行為有自己的看法，這是合理的。但是，因為孩子有了問題的行為，就對孩子貼上標籤，那就沒有意義了。孩子在成長過程的種種表現很可能符合做父母的人的期待。所以，如果你對孩子說：「彼得很愛發牢騷。」或「崔西是個害羞的孩子。」那麼，這麼一句話，就是一種對孩子永久的個人認定。這對於孩子的自我概念所造成的傷害，比父母親所能了解的更加嚴重。而且，那種行為又是為父母反對的！

我建議父母們要多注意對孩子貼上有害的標籤可能引發的問題。做父母的人對孩子之所以常常訴之於貼標籤的作法，那是因為做父母的人無法找到其他的方法來解釋孩子的不良行為，或是他們無法了解自己的孩子為什麼不能符合他們的期待。

請別誤會，我知道有些貼標籤可能是沒有惡意的，或甚至是可愛的標籤。譬如，有一位母親，充滿愛意地暱稱家裡精力充沛的五歲大孩子為澎澎，不過，這個充滿愛意的標籤與你是「我的問題孩子」的標籤並不一樣，後者並不適合五歲大的孩子及其幼稚園同儕。

那麼，為什麼做父母的人要給自己的孩子貼上標籤，不管那是放在心裡或是口頭上的標籤？毫無疑問的，貼標籤是另一種較容易而方便的處理訊息的方法。貼標籤跟其他的有害想法一樣，都是源於父母的內心深處隱藏著挫折、生氣和怨恨。

這種情形似乎無法證實，但是，有時候父母對孩子貼上的那個標籤，正好就是父母本人對自己最不滿的部分。以我為例，當我與孩子發生衝突時，我對孩子貼上的有害標籤，正好就是我對自己感覺最不好的部分。譬如，我對整理東西一事感到最吃力，但自己卻常常挑剔孩子這方面的問題，而不面對自己的問題。

有時候，貼標籤也可能導致做父母的人過度懷疑孩子的動機和行為。譬如，有一個碟子被打破了，也許是被更小的孩子或家裡的小貓打破的，但是，笨手笨腳、年紀不到十歲的孩子卻常常成為被指責的標靶。這種情形在後面的「嚴厲指責」部分，將作更進一步的討論。

最近，有一位有過動症的高中生珍，與她的父母一同來到我的辦公室。珍的父親拉爾夫因為女兒的學業表現不盡理想，而給她貼上粗心大意和不負責任的標籤。後來，珍懷孕了，即使在懷孕的過程中，珍仍不斷地受到粗心大意和不負責任的指責，特別是她的父親。不過，當珍生下了孩子，並一肩扛起她的責任時，她的父親才受到震撼。珍最後克服了那個充滿貶抑意味的標籤。雖然有些孩子終就會克服困難並且實現自我，但何苦給自己的孩子貼上標籤和加深他們的困難呢？

另一類型的貼標籤作法，就是對與前妻（或前夫）的孩子，或是對現在婚姻關係中的另一半在婚前所生的小孩，或是對兄弟姊妹的孩子抱持著負面的想法，例如：「你就像你的父親一樣。」或「你為什麼那麼像你的母親？」之類的。

最後，也請你記住，有些貼標籤最初只是開玩笑的性質。最近，在一次家庭治療課程中，一位身材姣好的十五歲女兒向父親表示，他所說的她的「胸部發達」的笑話一點都不好笑，幸運的是，這位父親既謙卑又聰明，當他聽到女兒的抱怨，馬上對自己不合適和拙劣的幽默感向女兒道歉。有人就這麼說：「戲謔的言語隱藏著許多真理。」做父母的人往往低估貼標籤的壞處，對孩子而言，那是一種重大的情緒負擔，即使那個標籤是以幽默方式表現之。從定義來說，孩子是正在成長中的人。而且，孩子的自尊心也一直在成長，而有害的標籤可能讓他對自我價值的成長造成重大的傷害。當你越注意有害的標籤，你就越能避開那些陷阱。

3.對孩子刻薄的諷刺：

肯尼喜歡跟十五歲的女兒布麗奇特開玩笑，他不僅自以為很幽默，也試圖透過這種方式減輕自己的「父母親挫折感症候群」。事實上，肯尼常認為自己是個「酷爸」。不過，肯尼不知道，自己尖酸刻薄的想法、批評和行為，其實讓女兒感到非常心煩。直到某天，女兒的一位朋友告訴他，他的女兒哭了，他才了解到自己的諷刺語言，有那麼大的負面作用。

說話連諷帶刺的父母常常是有口無心的，或許只是嘲弄地誇大其詞，又或許心裡想的跟說出來的正好相反。譬如，當孩子打破某個東西時，父親可能這麼說：「喔，你不是很優雅嗎？」。其實這樣的說話方式也會傷害孩子，也很難成為有效的溝通方法。一位十三歲的輔導對象就曾告訴我：「當我的父母用諷刺的口氣說話時，其實感覺很古怪。他們自以為很有趣，實際上我很討厭。」

從定義上來說，諷刺就是尖酸刻薄的意思。與尖酸刻薄有關的東西，你必須小心處理，以免帶來破壞性的後果。我注意到有兩項重大的問題，與父母用諷刺的方式對孩子說話有關。第一個問題是做父母的人用諷刺的方式對孩子說話，會傷害孩子的感受，而且，在所謂的「幽默當下」脫口而出的語言，也可能在事後繼續讓孩子感到痛苦。父母使用一連串的諷刺語言，將會對孩子造成很大的傷害。我建議最理想的情形，就是父母完全不用諷刺的方式跟孩子說話。如果你無法完全禁止自己言語刻薄的話，那麼就設定一個安全的範圍，要讓自己的孩子有權利告訴你，哪些話惹惱了他們，而且你要尊重他們的感受。你不能太傲慢或是不跟孩子道歉，即使你認為說那些話並沒有什麼了不起。當你注意到對孩子說話的分寸之後，還要養成習慣，說話的方式要維持在安全的範圍內。

第二個潛藏的問題則更為微妙，諷刺的言語可能掩蓋了敏感或脆弱的感受。同樣的，所帶來的後果可能是痛苦和衝突。想像一下，一位父親看到可愛的十六歲的女兒從樓梯走下來時，他可能這麼說：「寶貝，你今晚看起來好美。」他也可能譏諷地說：「怎麼了，小妞，你就只能像個小媳婦嗎？」這兩種說法隱藏的意思可能一樣，但是，後者是將讚美隱藏在侮辱聲中。

艾爾莎很感激她的伴侶德洛麗絲對她的協助，讓她發現自己跟十三歲的兒子賓講話時對他是如何的嘲諷。艾爾莎與德洛麗絲於兩年前相識，一年後，她離家出走，後來甚至與先生離婚。雖然賓後來也慢慢接受母親與德洛麗絲的伴侶關係，但他的內心還是很煎熬。有時候，賓會小聲地說一些令人不舒服的批評，讓艾爾莎抓狂，可是艾爾莎很疼愛賓，所以一直都很忍耐。但有一天，賓喃喃自語：「蕾絲邊也能當朋友。」艾爾莎一聽，怒火中燒，頓時間，她的父母親挫折感症候群節節升高。於是，她決定以其人之道還治其人，反唇相譏。艾爾莎立刻嘲諷賓最近一次棒球賽的表現：「賓，感謝上帝，幸好我的生活不需要依賴你的投球技術。」，當晚，賓邊流著淚水邊跟母親說，他非常害怕他的朋友嘲笑她與德洛麗絲的關係。經過這一次，他們兩個人都同意不再使用諷刺的言語。艾爾莎利用本書第六章所提供的策略，停止諷刺的想法，而且，賓也跟進學習她的作法。

請記住，父母怎樣栽培孩子，就會有怎樣的收穫。也許你不喜歡這種說法，也許你認為那種連諷帶刺的說話方式就是「你的風格」，但是，如果你的孩子也這樣跟你說話的話，你可能會認為那是對你的「不敬」。

4.對孩子產生疑神疑鬼的想法：

拉塔夏對母親拉雯表現得越來越反抗。有一天早上拉雯留下一張字條，表示皮夾內少了一百六十五美元，接下來，家裡的氣氛變得非常低落。拉雯心裡很亂，甚至開始覺得：「這個孩子不能信任。」接著，她更焦慮的想著：「把東西放在家裡很不安全。」之後不久，拉雯才想起，原來是自己前天晚上拿了皮夾裡的錢，買了些食品雜貨。但這時拉塔夏早已看過母親所留下的那張字條，要她將「偷走的」錢歸還，讓她感到心灰意冷。

容易就對孩子產生疑心的父母，將會面臨對孩子失去信任的重大挑戰。而且，對孩子疑猜的父母也很難控制自己的焦慮，更是需要自我控制。疑心生暗鬼的懷疑心態，可能引發情緒失控的火花。這就是疑心起了作用之後的惡性循環，懷疑是不會有什麼好處的。只要父母的焦慮感越強烈，對孩子的信任就越薄弱。給孩子貼上標籤，更是會引起做父母的人對孩子更多的疑心，尤其，當那個標籤有一個不信任的主題，譬如，指稱孩子是「騙子」或是「不值得信任的人」。這種有害的想法，對於十幾歲正值青春期的孩子而言，將帶來更大的問題。

十歲大的金寶是個有美術天賦的女生，她的父親菲利蒲也很高興送女兒去上美術班，培養她的潛能。不過，當他看到女兒用新技巧來畫畫時，並不是那麼的支持。於是他開始跟太太說，要注意女兒作畫的狀況。後來，瑪麗娜無意中提到，鄰居三歲的小朋友用那新的畫法獲得強獎項時，菲利蒲才知道自己的懷疑是錯誤的。

另外一個例子，十一歲的黛爾感到很苦惱，因為他的父親說是誤會他去捉弄妹妹安德里亞。安德里亞很擅裝委屈，所以他們的父親提姆很容易上當。後來，提姆無意間聽到女兒在電話中向朋友吹噓，她是如何讓黛爾受到父親的訓斥。此時，提姆為了不當責罵黛爾而深感懊惱。

也許你孩子的行為真的很令人無法置信，而且，可悲的是，有些孩子既迂迴又狡猾，我就曾經看過許多孩子如何巧妙地避開父母親的監視。這些孩子的方法很多，有些孩子會在深夜裡偷偷溜出去玩樂、有的會偷父母的錢、有的隨便和人發生性關係，此外，還有很多巧妙逃避父母監視的方法。想要對孩子有信心，父母最好的方法就是要保持冷靜，而且，也不能以嚴厲和羞愧的態度，來表達你對孩子的不同意。是的，你是個普通的人，你偶爾也會失控，也會對孩子咆哮。但是，當父母努力控制自己時，在面對孩子的各種挑戰就更能自我控制。當父母這麼做時，其效果當然比直接對孩子妄下斷語來得緩慢一些，但是，這麼做比較能夠產生對孩子的信任，父母也不容易掉入對孩子疑神疑鬼的陷阱。

孩子欺騙狡猾的行為一旦逐漸頻繁，父母就需要採取直接的行動。譬如，在寫作這本書時，我曾鼓勵一位被輔導的父親，在他狡猾成性的十歲女兒第二次蹺課時，就直接向校長報告。而這位父親為了維護信譽，便告訴女兒即將採取這個行動，不過，用的是支持性的口吻，而不是慣用的指責語氣。請記住，常常欺騙父母的孩子真正需要的可能是協助。而且，面對這種個案，輔導諮商也很有用。

5.對孩子使用有害的否定：

讀小學六年級的丹尼斯，十二歲，是同學的嘲笑對象。他的個子比同學矮小，但是，身材矮小並沒有讓他佔到便宜。丹尼斯之所以被同學嘲笑，似乎出在他有一張「大嘴巴」，而不是個子矮小。譬如，丹尼斯曾散布一個謠言，說班上某個男生，跟一位他所認為的品行不良的女生在外面「調情」。他似乎無法克制自己不去編造這類故事。這種行為造成很大的障礙，讓他無法跟同學混在一起，結交朋友。

丹尼斯的父親葛瑞是一位資深的律師，同時，也是學校董事會的成員之一。每個人都知道，葛瑞很努力要變成一位「超級老爸」。而且，他還有一個任務，就是要讓前妻知道他們的孩子被人指控的事情是無辜的。丹尼斯在男童軍活動中玩了一種惹人討厭的謠言遊戲，但葛瑞在這件事情上，很有智慧地擺脫否認孩子有問題的作法，而且，還支持丹尼斯提出向外尋求諮商的作法。幸運的是，丹尼斯從頭到尾攤開來談，整理出他內心的焦慮和自尊心的問題。葛瑞也擺脫否認孩子有問題的外表，以更實際的態度看待孩子的內心掙扎，並給予支持。葛瑞這麼做，也讓他對與前妻的共同教養孩子的工作更勝任愉快。

對孩子使用有害的否認，與其他八種對教養工作有害的想法非常不同。後者父母對孩子的行為抱著批評和負面的想法有關，但前者所指的，並不是做父母的人對應以管教的孩子和孩子的問題有過度的挫折感，而是父母為孩子的問題尋找各種藉口。抱著有害的否認想法的父母親，深信自己的孩子所做的事情都很完美，可是，卻與事實相去甚遠。

過去幾年來，我曾看過許多父母都有有害的否認想法。這些父母扭曲了事實真相，轉移心理上的痛苦。很多父母都想說服我，他們的孩子的問題都是老師、學校、同學、教練或是其他的兄弟姊妹所造成的。對於那些父母而言，抱著否認的想法讓他們感覺舒服一些。父母為了不讓自己的孩子承擔必要的責任，便會把過錯推給別人。但是，這麼做父母對孩子的理解是錯誤的，而且充滿幻想，事實上，孩子的問題完全是別人的過錯所造成的，這種情形相當少見。這種父母甚至連孩子去恐嚇他人時，也會教導孩子如何逃避罪責，或將傷害減到最低。

雖然將孩子在生活上所發生的問題都歸罪給別人，是自然而然的作法，但是，這種策略往往只會讓事情更加惡化。當你使用「要是」這個字眼時，其實是一種危險訊號，也就是很可能即將產生有害的否認想法。如果你這麼想，或使用這樣的陳述說法，那麼，你可能已經有了危險的否認想法。這種有意的否定想法和說法如下：「並不是她的錯，要是老師多一些耐心，她就會做得更好。」或「要是教練多給她一個機會。」「她不會被打到，如果有人告訴她不要動。」這也是很明顯有害的否認想法的表達方式。

你可能好奇問道：「如果你的孩子被別人不公平地對待的話，你認為怎樣？」

是的，你偶爾會發現一定要保護孩子和支持孩子的情況。但是，為了你的孩子做出適當的干預，與扭曲事實和否認實際情形相差甚遠。

當父母給予孩子某些權利的同時，有害的否認可能也會一起浮現。我曾經看過有些父母聽到自己的孩子並不完美的說法時，他們不僅無法接受，甚至會全然否定。如我曾經輔導過的一位本身就是相當成功的健康照護諮商人員的母親，她也不相信她的兒子會在學校裡偷一臺筆記型電腦。另一位母親雷亞，她的兒子艾力克斯就讀私立學校，她因為覺得學校交代的作業太少，於是直接要求校方多交代一些作業，即使她的兒子很好，根本不需要特別加強功課。後來為這個問題，雷亞與校方意見相左，後來，即使她發現自己錯了，她還是幫孩子辦理轉學。

有時候，父母會以較為微妙和技巧的來賦予孩子某些權利。譬如，父母可能會先道歉，接著就說「但是」，然後，開始責罵別人，就像這麼說：「我很抱歉艾利遜讓你的女兒感到難過，但是，如果你的女兒不惹她，也不致於如此。」

不讓孩子承擔自己所作所為的後果，等於剝奪了孩子為自己的行為負責任的機會。適當地支持孩子的需要，與不讓孩子學習必要的生活功課是兩碼子事。當孩子無需對自己做錯事的結果負責時，必然會吃到苦頭。而抱著有害的否認想法的父母，則可能會損害孩子解決問題的能力，以及處理事務的技巧。

突然爆發的有害想法

6.父母過度情緒化：

十五歲的艾美常賴床、遲到。她總是睡眼惺忪，一付急急忙忙的模樣，因此，老喜歡「借用」母親的眼影膏。她的母親塔米是單親媽媽，還有一個病重的父親需要照顧，背負著沉重的壓力。此外，她也焦慮擔憂逃不過公司的裁員風。

這天，艾美化完粧後，隨手將眼影膏丟還給母親，但塔米並沒有注意到眼影膏。正好打中母親的頭部，於是，她對著艾美大吼大叫，表示再也無法忍受她，因為她是令人無法忍受的人。艾美告訴我：「我母親是個怪人，我做了什麼嗎？那只是個意外，但她就像神經病發作一樣。」

「過度情緒化」的發生，通常是因為父母認為孩子的行為已經無法「處理」。過度情緒化也發生在父母無法與孩子溝通時，因而產生想要逃避，或是在嚴厲自責教養孩子失職的時候。許多做父母的人都迫切地希望能真的幫助到自己的孩子，但當他們發覺無能為力時，卻又感到很大的挫折。平心而論，做父母的人感到無助，這是很普遍的事，特別是在我們常陷在讓孩子犯錯或保護孩子免得他們失望的激烈衝突之中。

過度情緒化也可能轉向內化，顯現於外的就變成被動式的侵犯行為。父母之所以出現這種情況，是因為他們認為表達情緒是一種懦弱的表現，而懦弱會導致情緒關閉。此外，父母也可能覺得，忽視孩子就是對孩子的負面想法和感受的最有效處理方法。

我用「情緒關閉」這個字眼，意指父母拒絕跟孩子說話，或關閉親子溝通的管道。我們都知道孩子也精通此道，特別是十幾歲的孩子。但是，身為父母有責任以較為有效的方式來處理自己的情緒問題。

做父母的人在教養的工作上出現過度情緒化，是很重大的問題。父母的行為表現反應過度，或是對孩子有太嚴格的期待和判斷時，都將削弱孩子的自尊心。面對父母的情緒過度發作時，孩子的感受和看法會被吞沒或消除。

我輔導過一位母親克萊兒，她的十一歲兒子喬納森是一位「行為非常偏差」的孩子。她說：「我很快就失去耐性，他整天沉迷於電玩和電腦中，我只好限制他每天玩的時間，不准他看不適合的節目或玩暴力電玩。可是他的朋友們顯然沒有這些限制，想看什麼就看什麼、想什麼時候玩就什麼時候玩。因此兒子開始說我很小氣、他恨我，並開始對我說髒話。他非常生氣、很不講理，讓我非常煩惱。」

有一次，克萊兒氣到抓著孩子、拉扯他的頭髮，幾天之後，她來辦公室找我。

她說：「我拉扯孩子的頭髮之後，自己停了下來。但是，我知道我的情緒正在沸騰。」當克萊兒知道自己「過度情緒化」了，她必須學習放鬆自己，而且，更要留意出沒腦海中的那些想法。留意大腦出現哪些想法，可以幫助你在這些有害的想法出現時，就能「捕捉」到它們。克萊兒願意處理這個問題，並且，學習用較變通的方式，以取代過度情緒化的傾向。我們偶爾會聽到一些故事，有些做父母的人突然發現他們的孩子陷入令人震驚和危險的處境（譬如，和人發生性關，或是自殺行為），在這些情況下，父母的情緒泛濫是可以理解的。不過，即使如此，過度情緒化的父母仍應該盡己所能地注意孩子的生活狀況。一般而言，情緒之所以會突然爆發，通常是因為失控的壓力和負面想法的逐漸累積而造成的。

雖然從來沒有人期待有一對完美的父母，但過度情緒化是不被鼓勵的，因為很容易轉變為言語或身體上的虐待，也常常會成為一種行為模式，亦即做父母的人拒絕學習如何有效地處理孩子的不當行為。事實上，孩子的這些行為，可能並不像父母在情緒過度反應時所認為的那麼具有敵意。不過，父母過度情緒化所帶來的後果，極可能造成孩子對父母不尊敬，孩子也會害怕對他們大發脾氣的父母。

7. 對孩子嚴厲責罵：

在里根的挑釁之下，弟弟傑文忍不住和她打了一架，結果，傑文不僅遷怒妹妹塔密卡，甚至對母親雪倫也很不禮貌。傑文內心充滿挫折，忍不住對母親大小聲。但因為雪倫白天工作很辛苦、壓力很大，於是，她忍不住抱怨傑文破壞了一頓原本平靜的晚餐。她甚至認為，那天晚上的所有問題都是傑文的錯。

許多孩子因為受到父母親的責罵而怨恨不已。當這些字眼——「你做的」、「又是你」、「要是」出現時，都即將發生嚴厲責罵的危險訊號。你也知道，當你說出類似以下這些話時，就是準備要開始嚴厲責罵孩子的時候了。譬如，你說：「要是你不做這件事，我們都不會有問題。」或「如果你已經受到嚴重的教訓的話……」或「如果你懂得感恩的話，你就會……」。

責罵與有害的否認是有關的。正如我在前面提到的有害的否認，是指為人父母者為了保護孩子而拒絕接受孩子是真的有問題的狀態，這種想法雖然毫無幫助，但另一方面，令人遺憾的是，嚴厲責罵也一樣的缺乏同理心。父母如果因為本身的不滿或自己愛亂發脾氣，而任意責罵孩子，那麼孩子會很痛苦，這也很不公平。不管是腦中一閃而逝的念頭，或是大聲說出來，這些嚴厲責罵都會傷害孩子，也會破壞親子關係。例如：「是你讓我對你大吼大叫」、「你讓我感到很痛苦」，或「你讓我氣到非打你不可」；另外，還有一種比較沒有攻擊性，但也很扭曲的作法，那就是先禮後兵，開始先說聲道歉，緊接著就說「但是」如何，譬如，「我很抱歉遲到了，但是，如果不是因為你早上出門上學時拖拖拉拉的，那麼，本來的計畫就萬無一失了。」

我輔導過一對母子伊萊恩和崔佛，他們的個案充分顯示有害的嚴厲責罵的不良後果。伊萊恩因為經濟上的壓力而忍不住責罵崔佛，因為崔佛是個過動兒，所以需要輔導諮商和個別指導訓練。伊萊恩可以抱怨自己承受的財務壓力，但不應該對孩子抱怨這件事，因為就像崔佛所說的：「讓我覺得很笨，也沒有價值。」

當我詢問伊萊恩：「你知道崔佛覺得自己一無是處嗎，你感覺如何？」，她馬上回答：「喔，我並不想讓他有那種感覺。我只要他機靈一點，也希望他能夠照顧自己。」我相信她的話，她無意小看這個孩子所面臨的掙扎。可是，她的孩子就是有那種不好的感受。

做父母的人之所以對孩子嚴厲責罵，就是因為他們想找出「是誰做的？」這個問題的答案，而不是在找出「我們可以做些什麼？」這個問題的答案。嚴厲責罵也顯示一種想處罰孩子的渴望，但這樣子做會封閉了親子間的溝通。責罵會讓父母錯失解決衝突的機會，進而引起孩子的怨恨，延宕糾紛事件，甚而肇致之後的爭執。

我常常被問道：「雖然我有責備她，但那是因為她做錯事，那又怎樣？」我並不是說責任永遠都是一半一半。你的孩子可能忘了做或忽略了某件事。但是，面對這種事情，你要怎麼想與要如何反應，那是你的責任，而不是孩子的。如果你不把焦點放在要去責罵誰，那麼，你就能專心處理眼前的問題，而且，針對問題來處理，總比責罵好解決。

8. 動不動就說「應該」：

崔特和珍有一個十二歲的女兒薇姬，當他們知道她想退出體育活動時，他們都很關心這個女兒很可能放棄掉她難得的體育天賦，但對去年年級排名第三的薇姬來說，父母一直對她施加壓力。他們為了她該怎麼做和怎麼想而爭論不休。

大衛・布倫在他的著作《十天恢復你的自尊心和感覺良好》討論過面對生活時「應該」如何的問題。他說使用「應該」如何的陳述用語，是很不利的，會讓我們產生自責和挫折感。他並解釋說，許多人想用「應該」或「不應該」來激發自己的動機，好像他們就是怠忽工作的人，在期待他們做出一些事情之前必須加以懲處。這種做法一直不可行，因為這些「應該」、「一定」的陳述說法，會讓你想要反抗，而且，也讓你產生衝動做出與該陳述完全相反的行為。另一位認知治療的先鋒大師亞伯特·埃利斯提出「必定心態」的概念，他指出，我們並不會因為這個世界對我們做了什麼而感到苦惱，但卻會因為我們的錯誤想法而感到苦惱。我們對孩子的期待充滿著無數的「應該」和「一定」，但是到頭來，我們只能引導他們走向成功，我們並不能把成功強加在他們的身上。

一般而言，「應該」的陳述用語，會讓人感到生氣和挫折，其他像是「一定」、「務必」、「必須」等這些字眼，也都是類似的共犯。這些絕對性的陳述用語，會讓孩子感到自責，尤其是當他們做錯事或面對困境時。

我的朋友兼同事詹姆士·卡斯提斯指出，這種思考方法只能用在「應該星球」上。他說「應該星球」就是「事情應該都是這樣的」的地方，而且，在那個地方的人都很寬大並合乎理性，那個地方的父母親從來也不需要說：「我不應該再告訴你那種事。」

布魯斯是一位非常挫折的父親，為了讓孩子學習到組織紀律和責任，他把愛吵愛鬧的十三歲孩子布洛克送進軍校。結果，布洛克不假外出，打破父親布魯斯對他不切實際的期待。

當孩子的表現不符合期待時，父母往往就會出現孩子「應該」如何的有害想法。這種想法有很多壞處，不僅會限制孩子自由思考與從經驗中學習的能力，也會損害孩子自我解決問題的能力，並阻礙孩子的成長。

做父母的人一旦像主演木偶劇的話，會強令孩子接受自己所不想扮演的角色，最後親子雙方都為此而生氣，深感挫折。當父母要求子女「應該」如何的時候，是父母對子女的期待，通常與父母本身的童年經歷及過去有很大的關聯性。譬如，有一位母親，她的父母在一生中一直告誡她：「你要處理自己的問題。」她的父母堅決認定，他們的女兒應該從錯誤中多多學習，而不是透過大人的引導。而我們常常在不知不覺中將這一類的期待，帶進教養工作之中。

我輔導過一位父親，他覺得兒子應該會想要攻讀法律，並加入家族經營的法律事務所。結果哥哥確實很高興參與這門賺錢行業，但弟弟卻不願加入。幸運的是，這位父親仔細推敲對自己孩子的善意卻過度熱心的期待，並發掘解決問題的曙光，最後選擇放手，不去管孩子「應該」做什麼事。這個父親反而幫了孩子的大忙，符合孩子的渴望，讓他成為一位汽車工程師。當父親和孩子對彼此的期待進行溝通時，他們達到了相互尊重，並獲得更密切的關係。

十六歲大的裘蒂因為父母親對她與同儕相處的問題，提出太多「應該」如何處理的想法，感到很生氣，於是，她的母親瑪莉和裘蒂前來尋求諮商。瑪莉除了覺得裘蒂應該有不同的朋友，也認為裘蒂應該更努力用功，爭取更好的學業成績。某天，裘蒂雷霆大發，一發不可收拾，她的父母一連串「應該」如何的想法，使得原本控自制力就比較差的裘蒂更生氣。裘蒂並沒有那麼成熟，能察覺母親的關心和擔憂，反而覺得母親就是對她很不公平。

和所有有害的想法一樣，對孩子說「應該」如何的想法，常發生在我們失去自我覺知的一刻。當我們不切實際地要求孩子符合我們的期待，而不是符合他們的期待時，我們對孩子說話就會常使用「應該」如何的方式。

「應該」是一種與合乎標準緊密連結一起的想法。就健康的教養工作而言，要求孩子具有良好的價值和標準，是很重要的。但是，總是使用「應該」的陳述說話方式來訓勉孩子，很可能忽略了孩子獨特的渴望、優點與良好的意圖。用「應該」的陳述方式教訓孩子，會令你無法了解孩子的心理，及他所面對的困境。

9. 對孩子妄下注定失敗的斷語

克莉斯汀常對七歲大的兒子喬治發脾氣。就讀小學二年級的喬治和同學相處遭遇很多問題，為此，她的母親幾乎不知所措。她開始對喬治無法與同學好好相處妄下斷語，甚至，聯想到孩子在學校裡的其他場合。她說：「我只能想像將會很糟，最後一敗塗地。」任何兩種有害的想法都可能混雜在一起，以克莉斯汀的例子來看，她常常把將「應該」如何的想法，與「總是或從來不」的想法混在一起。譬如，她這麼想：「為什麼他在學校裡，總是成為麻煩人物？我已經給他很多的機會，但是，他總是都把事情弄到難以收拾的地步。」

克莉斯汀嚴重陷入對孩子妄下注定失敗的結論的想法。這是有害的思考方式，在這種情形下，做父母的人對於孩子的負面行為和事件，常誇大其詞，誇大該項行為與事件的嚴重程度。也許孩子只是一餐未吃，但做父母的人可能把它扭曲成孩子已經出現飲食失調的症狀。又如孩子只是暫時害怕黑暗而已時，父母親卻會這麼想：「她從來就克服不了這些。」。孩子這個星期以來只是有點情緒不佳，父母卻誇大的認為：「這個孩子讓全家人心情都不好。」。用另一個方式來說，妄下注定失敗的結論，是一種高度負面、誇張的推測。這種錯誤推論的想法，將阻礙親子一起妥當處理問題的契機。

諷刺的是，父母對孩子妄下注定失敗結論的作法，不只妨礙親子之間的信任和溝通，孩子也可能做出父母最擔心發生的事情。譬如，艾爾開始對十四歲大的孩子肖恩有所警覺時，是在孩子應該做功課的時間，卻花很多時間在玩電腦。艾爾告訴自己，這孩子這一年的學業成績一定會一落千丈，而結果的確如此。幸運的是，肖恩和父親一起來做輔導，他們最後達成做功課和玩耍的時間都有一定時限的共識。

對孩子的狀況和成就感到失望及壓力沉重的父母，也很容易對孩子妄言失敗的斷語。這種父母的推測可以深入到孩子生命中的各個層面，包括他們的學業（這種父母會說：「他一定會留級，以後可能要流落街頭。」），或同儕關係（這種父母會說：「她永遠交不到朋友。」），或家庭關係（這種父母會說：「都是因為她這麼古怪，所以我們家從沒有乾淨過。」）。

心裡殘留著過去遺留下來且未能解決的「情緒幽靈」的那些父母親，也是特別容易對孩子妄下失敗斷言的人。我輔導過一位母親，她很擔心常生氣的七歲大的孩子，以後會跟他的舅舅一樣犯下加重暴行而被捕入獄。後來，我幫她釐清她的孩子與她的弟弟之間存在著不同的特質之後，她才開朗起來。

每個人都可能有過去遺留下來的「情緒幽靈」。我知道有些人的童年備受呵護，但是，就大部分人而言，人生有起有落。有些為人父母者過去的童年遭遇，真的比別人更辛苦。我曾經看過一些父母因為過去曾遭遇很多問題而留下後遺症，內心不斷痛苦掙扎，這些問題包括身體或情緒都有，例如被遺棄、酗酒、財務壓力、家人的心理疾病、身材、與同儕相處困難、學習失能等問題。這些困擾，加上因此引起的焦慮，如果沒有好好地處理，將造成做父母的人對自己的孩子抱著有害的思考模式。

抱持著悲觀或負面想法的父母所教養的小孩通常也會深受影響，他們在長大成人甚至成為父母後也對自己的孩子抱著負面的結論。不過，我跟你保證，即使你的童年經歷很多麻煩問題，但是，你的孩子的命運並不必然會跟你一樣。不管在你的成長過程之中有過什麼情感包袱，未來總是充滿希望。

我曾經輔導一位很富有的父親喬，他常為了兩個孩子忘記關燈而大發脾氣。喬成長在一個貧困家庭，父親常常失業在家。因此，他很擔心自己的孩子在成長過程之中，不知道金錢的可貴。他忘我的想著：「他們從來不了解錢有多麼難賺，他們會把我掏光。」幸運的是，喬還願意了解他的生活與孩子的生活有什麼不一樣。後來，他採用不同的觀點看待事情，改變了自己以前的扭曲想法。

我也輔導過一位母親，這位母親在七年級的時候，曾參加過曲棍球隊，當時被同學孤立了。因此，當十歲的女兒參加足球隊被同學取笑時，她馬上提高警覺，當下就判斷自己的女兒一定不知道該如何自保。當她從自己的情緒走出來之後，她就不再過度反應，也不再將自己沒有根據的恐懼投射到女兒的身上。

孩子依照父母的期待而成長。當為人父母者對孩子保持著健康的期待，可以鼓勵孩子努力達成他們能力所及的最佳狀態。不過，對孩子妄言失敗的作法，將會導致父母大幅降低對孩子的期待，或甚至放棄他們的孩子。此外，妄言失敗的作法，也會破壞孩子解決問題的能力及其個人實力，並造成孩子的情緒混亂。

當你進一步思考有害的想法時你讀到這些會造成父母內心緊張的九大有害的想法之後，可能會突然發現自己的思考方式與書中所描述的非常相似，不免發出「會心的微笑」。這真的很普遍的。但是，你可能需要更多時間才能了解你需要幫助的是何種想法，並在出現有害想法的當下，努力去「捕捉」它。你可能必須在接下來的一、兩週裡檢視這些有害的想法。

在接下來的章節裡，我們將集中討論讓心情放輕鬆、認出並找到有害的想法，並加以因應的策略。你將會發現這些有害的想法很容易擺脫，也不難處理。第六章和第七章裡，將仔細說明如何學習消除有害的想法，到時你可以再回過頭來重讀本章的案例。請放心，凡事總是希望無窮。你不必為此去看家庭問題或兒童治療醫師。繼續讀下去，一定會有所斬獲。

結語

讀完本章，獲得這些觀點，你顯然有很大的勇氣，而且，在取得關於自我與教養的自我覺知方面，已經跨進了一大步。當你已經知道父母可能有的九個有害想法之後，你無需再對為什麼會這麼辛苦，以及為了與孩子的衝突而感到憂鬱。當你繼續往下閱讀時，請試著思考下列的重點：

- 有害的想法並不會讓你變成一位不好的父母，大多數父母都有同樣的困擾。有害的想法會帶來困擾和羞恥感，所以，它常常遭到否定或忽略處理。
- 有害的想法是扭曲的產物，會傷害你對孩子的了解，也會破壞你與孩子的聯繫與解決孩子的問題的能力。
- 要努力控制你的思考方式。當你用這種思考的方法看待孩子時，後果將非常可觀，反過來，這將影響孩子如何看待自己，以及對你的反應。
- 了解這九種有害的想法後，你在喜歡你所愛的孩子這方面，與降低你的父母親挫折感症候群，都有了重大的進步。你不必再質疑為什麼你有這麼深的挫折，也不必懷疑你在承受教養工作的壓力時內心真正在想些什麼。

第4天 如何消除教養工作的壓力？

有一天，育有兩個孩子的媽媽黛安娜抱怨說：「事情老是做不完，我覺得孩子與先生的事情讓我感到精疲力竭。」此外，另一位「宅爸」傑洛米也有同樣的發洩：「有時候，蹚到必須隨手撿起兩歲大的孩子克莉斯汀丟在地上的東西，我的頭就好像要爆炸了一樣。再等年紀大一點的孩子放學回來時，我又要撿拾他們到處亂丟的東西，真的很想對著天空大叫。」

黛安娜和傑洛米兩人的牢騷，正好反應無數父母的心聲。你可曾因為孩子讓你感到壓力沉重而大發牢騷，因而希望自己的心情可以更穩定一些？

不管你是家庭主婦，或是在外打拚的爸爸；不管你是單親父母或是婚姻正常的父母；也不管你是一個孩子的父母，或是養育多位子女的父母，本章所討論的課題，對你們都是很有用的。本章將告訴你，如何讓自己穩定下來，即使教養子女的壓力讓你覺得好像就要炸開屋頂一樣也沒關係。如果你能聽從這些忠告，並學會平靜心情，同時確認並找到那些有害的想法，進而加以擺脫，那麼，你將會明顯地發現壓力真的降低了。

降低壓力，將有助於避開情緒反應，找到情緒核心，這對於你和你的孩子都是有益的。請想想：從沒有人跟我抱怨過他們的父母情緒太穩定、太了解他們，或是太擅長保持冷靜的態度。所以，讓我來告訴你要如何驅除你的壓力，而不是讓壓力緊緊的困住你。我常告訴我的輔導對象，面對生活的各種問題，可以歸納為兩種處理策略：一種是自我撫慰，另一種是解決問題。自我撫慰就是讓自己的心情冷靜下來；至於解決問題則是理性思考問題，而非以有害的思維方式考慮問題。

一旦你學會如何讓自己的心情保持舒坦，那麼，你就能打開心胸學習第五章裡將告訴你的各種技巧。在第五章中，將會告訴你如何傾聽自己的有害想法，以及更了解這些想法。第六章和第七章，則將告訴你另類的思考方式和反應方式。

不過，控制有害想法的第一步，就是學習如何讓自己先冷靜下來。我們常常告訴孩子，行動之前要先想一想。我也要告訴你，你一旦學會在思考或行動之前，先放鬆自己，暫停一下，並多多留意用心，那麼，你就會更滿意自己對孩子的教養。學會放鬆自己，並留意自己為人父母的責任，你一定會覺得壓力的感覺將大幅地改變。我將會告訴你一些非常有用的放鬆自己的策略和練習方法。首先，讓我們先了解一下教養子女的壓力究竟是什麼，以及這些壓力的來源為何。

學習如何降低壓力

在此之前，有一件很重要的事，就是你要完全了解我所謂的壓力究竟是什麼。似乎有無數的定義和專家都曾描述壓力一詞。當我在撰寫本章時，我也曾利用網路查閱壓力這個主題，赫然發現上億筆與此有關的索引。顯然，這是一個很風行的研究題目，可想而知，壓力一詞的概念必然會有些混淆。不過，不管你所知道的壓力的定義是什麼，壓力幾乎都被認為是不討人喜歡的。當我使用壓力這個術語時，我所指稱的是那種來自難以負荷的情緒不舒服的狀態。本章裡，我將陸續解釋你必須知道的關於壓力的種種問題，以及如何管理壓力。

請幫幫忙，我覺得快要失控了！

採用較直接、有用的方法來思考壓力的問題時，可將之視為是一種針對我們個人的平衡被打亂之後所產生的心理和生理的反應。當你覺得失去平衡時，你會失去控制，這就是最大的壓力！

不管你是否相信，你所體驗到的壓力感覺，就是在保護和支援你。從老祖宗遺傳下來的人體的反應系統，幫助我們度過種種生死交關的時刻，彷彿遇到飢餓老虎攻擊。當然，生活在現代化社會，我們並不常遇見餓虎攻擊。但是，當你的孩子的行為難以應付時，你也許覺得馴服老虎還更容易一些。

當我們面對威脅時，不管是對身體的安全，或是對情緒的平衡，我們的身體都會進入最高度的防衛狀態。這是一種快速的、自動因應的過程，亦即所謂的「打或跑」反應，會有以下的感覺：心跳加速、肌肉緊繃、呼吸急促，我們的每一種感覺都處在警覺狀態。曾經有過恐慌症發作經驗的人都會激烈地體驗到這些反應，與所誘發的事件是不見得是成正比的。

請仔細閱讀下一節，你將會更了解當你感到壓力沉重時，身體會有什麼樣的感覺。正如後文將說明的，沉重的壓力包含了一些複雜的機制。

身體遇到壓力的反應

「打或跑」的反應，包括我們準備應付緊急行動的一連串生物性改變。當大腦覺察到危險狀況時，交感神經系統會釋放大量的壓力賀爾蒙，譬如腎上腺素、正腎上腺素和可體松。這些壓力賀爾蒙會通過血管，讓你對這樣的情境預作準備。

當心跳加速時，流過大肌肉的血液也會加速，如此一來，我們就能跑得更快，更有力量；血管隱藏在皮膚底下，一旦受傷，皮膚可以保護血液不會流失；擴張的瞳孔，讓我們看得更清楚；血糖上升，提供身體更多能量，並加速身體反應時間。當我們的身體努力反應的當下，任何與生存無關的身體機能將會受到抑制，譬如消化系統和生殖系統的運作都趨於緩和、生長賀爾蒙暫緩分泌、免疫反應受到抑制。

教養子女的壓力來自想要掌握主控權

即使孩子再如何調皮搗蛋，也不會像野生動物一樣具有危險性，但因為感覺到情況的難以控制，所以我們的抗壓反應還是會活躍起來。我們的孩子是不是很擅長讓我們的情緒失去平衡呢？譬如家中最的孩子一直問你同一個問題，連問三百次還不停？或是讀中學的孩子覺得欺壓弟妹可以顯示自己的強悍？或是讀中學的孩子參加聚會，超過門禁時間一個半小時了，還不回家也不聯絡！甚至還覺得晚一點沒什麼大不了的，你會如何？首先，你會祈禱他平安無事；其次，你會自己告訴自己只要孩子平安就好，一切隨他。

曾有一位諮商者曾經描述教養子女的心得——就像一覺醒來，發現自己站在懸崖邊，兩手張開，同時祈禱著一陣大風不要把自己吹落到山谷。這位媽媽的描述活靈活現，即使你的壓力並沒有這麼明顯，但大多數父母卻常感受到沉重的壓力。

簡單地說，教養子女的壓力大部分是來自於我們很想掌握控制主權，卻又掌握不住。我們永遠無法強制孩子按照我們所希望的藍圖走。看到孩子頻頻犯錯，非得歷經艱辛才能夠學會教訓，的確令人著急又憂心。

所有壓力都是自找的

所以，當孩子做了一些讓你感到心煩的事時，是誰讓你覺得有壓力？是誰讓你直想扯掉自己的頭髮呢？你可能認為答案就是你的孩子，是孩子製造了讓你惱怒的衝突事件。你錯了！真正讓你感到心煩的人就是你自己。請你堅持下去，我也是一位父親，我過去也曾覺得自己的孩子讓我感到很煩。但是，事實並非如此。

覺得孩子令你心煩而責罵孩子，會讓你獲得相當程度的滿足，卻讓我們逃避了要為自己的想法和感受負責的問題。身為成年人，我們必須擺脫「環境受害者」的心態，並且要實事求是。真實的狀況是，你如何看待孩子的行為，這才是讓你心煩的原因，你的感受和反應都是來自於自己的心。

如果你很難接受原來是自己製造了教養工作的壓力，那麼請回想一下前一章提到的九種有害的想法。就是這些不健康的思維方式，才是造成心煩和壓力沉重的真正原因。只要明白如何使用較不具破壞性和較為彈性的思維方式來看待問題，你就能降低壓力，而你的「父母親挫折感症候群」症狀也會跟著減輕。學習透過降低壓力讓自己覺得更舒服之後，你就比較容易捕捉並擺脫那些有毒的想法。

壓力沉重的父母會造成的孩子更大的壓力

當你讓壓力掌控你時，將會導致一個嚴重問題，那就是你將會帶給孩子很大的壓力，孩子可能出現以下幾種反應：逃避的行為，或是悲傷、挫折、困惑、生氣的情緒。他可能不會自覺到來自父母的壓力，也沒有能力輕鬆解決父母施加的壓力。

我常在臨床工作上，看到含著眼淚的孩子做了一些錯誤的選擇。我也看到焦慮的父母懇求他們的孩子要誠實以對，好讓他們了解孩子為什麼發生這些偏差問題。但問題在於，當父母越是緊迫盯人，孩子就越不願意分享他們的想法和感受，他們害怕結果是招致父母親的咆哮，或更多麻煩。

在撰寫本章時，我的孩子告訴我，我自己曾經在無意間落入喋喋不休的說教輪迴中，當時，我並沒有好好地傾聽他的心聲，我只是一味的擔心，以為滿篇大道理的說教會對孩子有所幫助。但是，我很快就了解，說教實際上只是證明自己對孩子抱著有害的想法，以及為人父母者的沉重壓力。當我開始接受對孩子說教並不是一種很好的解決辦法時，我馬上改變作法。我告訴我的小女兒，我將會閉上嘴巴、打開耳朵，專心傾聽她的訴說。我們一起靜靜地坐了大約五分鐘。當我專注地告訴自己不要對孩子要求太多、太挑剔的同時，我也感覺到身上壓力逐漸減輕。於是，我的女兒開始敞開心房，跟我訴說她的憂慮。我們也採取了行動。

不管是不是壓力讓你忍不住要對孩子說教或嘀咕，或大聲叫罵，或拒不說話，或脾氣變得更壞，這都會讓你變成不稱職的父母。當你做好壓力管理，了解到自己對孩子有哪些有害的想法時，親子間的溝通大門自然就會敞開。當你們溝通越多，你們就越喜歡。但除非你先處理好自己的壓力問題，否則你與孩子間的溝通模式，將很難出現正面的改變。

許多人都有同樣的迷思，以為家人相處應該是沒有壓力的，而家應該是一個永遠充滿祥和與寧靜的天堂。也許我們為了偶爾可以喘息的歡樂時光而活，但有時候，你也要試著撫平生活上令你透不過氣的那些事情。而你的確能管理壓力，只要你知道壓力的存在，並且願意處理。

最近的研究顯示，壓力沉重的父母親可能會令孩子的免疫系統減弱，這也顯示父母的情緒對子女的情緒有著密切的影響。

我在臨床工作中親眼目睹上千位接受輔導的青少年和兒童在他們的父母學會更有效地管理自己的壓力時出現正面的轉變。只要降低壓力，自然就能夠控制自己的有害想法。當父母能用正面的方法管理自己的壓力時，等於也給孩子上了寶貴的一課。我遇見許多家長跟我訴說自己的父母從未好好處理他們的焦慮情緒。**拋掉這些不**健康的處理方式可能有些困難，但只要拋開了，那麼，你與孩子就可以保持更穩定與更快樂的關係。你也會是孩子尊重的楷模。

你的壓力並非只來自教養工作

你最大的憂慮可能不是來自孩子，而是其它人所面對的各種狀況。譬如夫妻之間的爭執或婚姻問題、要取悅老闆、棘手的財務問題，或是與原生家庭的關係等，這些都是頗具挑戰性的問題。現在，讓我們迅速看一看為人父母者必須處理的一些壓力來源。本章所提到的資訊和策略，對父母會有所幫助。

婚姻或夫妻之間的壓力

在這個充滿挑戰的世界裡，維持美滿的婚姻是一項很了不起的資產。不過，所有夫妻與親密伴侶都將面對一些挑戰。維持愛情長存與茁壯並不是一件容易的事，尤其當你同時也為人父或為人母時。視為理所當然與抱持著不合實際的期待，均會導致夫妻間的重大困難。

處理好婚姻關係中的壓力很重要，迴避只會讓問題更嚴重。與那些早就想到要努力維繫健全的婚姻關係的夫妻相比，那些等到最後關頭才想到要輔導的父母在挽救婚姻時，情況往往較為棘手。不好的婚姻關係對父母孩子都是有害的。身為父母，我們能給孩子的最好禮物，就是維持良好的夫妻關係。

離婚的壓力

有一位輔導對象曾描述離婚的後果，他覺得那種情形好像在一個池塘裡丟進一塊石頭，擴散出去一圈又一圈的漣漪，整個影響遠比想像中的還要大。我也曾離過婚，也經歷過相同的感受，我相信這是很普遍的現象。目前，我和孩子的母親依然維持著堅固的共同教養關係。離異的雙方一起投入時間、共同努力與彼此交換意見都能幫助家庭成員療癒舊傷。不過，對部分的孩子和父母來說，離婚可能就像癌細胞一樣，毀掉每個成員的善意與合作意願，彼此漸行漸遠。選擇成為一個單親父母並一肩承擔起離婚困境，對父母子女來說都是相當沉重的壓力。

工作的壓力

工作也是造成壓力的一大原因。要求嚴苛的老闆、競爭激烈的同事以及難纏的顧客，都會讓你感覺工作就像是一個痛苦的壓力鍋。不過，不是只有例行性工作和工作本身會讓你有壓力，事實上，在現今競爭激烈的世界裡，如何保有一個工作，就是一項很大的壓力。可悲的是，工作本身的壓力與可能失業這兩股壓力會形成惡性循環，使人們必須更努力工作以保住職務，但帶來更多的焦慮感。

財務的壓力

對父母親而言，金錢是另一項造成壓力的主要原因。大多數的父母都覺得錢好像永遠都不夠用。房貸、車貸、房租、信用卡帳單與其他各種帳單的壓力，總是嚴重威脅力求收支平衡的父母的情緒。對許多父母而言，金錢的壓力不斷增高，似乎永遠找不到解決的方法。撙節用度過活，聽從足以信賴的財務分析師的具體建議，是達到財務更健全與減少焦慮非常重要的一步。

家族的問題

作為父母的大人，我們擁有比孩子更成熟的思維，但也可能被撫養我們長大的原生家庭所拖累。很多問題可能發生在「三明治」父母的身上，他們一方面要努力滿足孩子的需求，一方面也要照顧年邁的父母。此外，也可從眾多例子發現夫妻與姻親之間確實常常關係緊繃，而彼此間的衝突很可能影響夫婦對原生家庭的忠誠度。如果無法用智慧和遠見處理之，那麼，這些難題將加重在你的孩子之上。

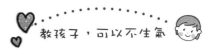

十七項有效減少教養壓力的方法

截至目前，我們已經探討過什麼是壓力，以及壓力來源。接下來，就是學會降低壓力的方法的時刻了。以下所提出的策略，絕非萬無一失，但我相信這些策略對面對壓力的父母來說，一定非常有用。

你將會發現只要身上的壓力稍微減輕，孩子看起來就討人喜歡許多。甚至，當你的壓力較少時，你也會比較喜歡扮演父母的角色。焦慮和煩惱只要減輕，你的有害想法將跟著減少，也比較容易捕捉到並擺脫那些想法。當你採用正面的方法管理壓力時，也是在幫孩子上寶貴的一課。許多父母曾跟我分享，自己在焦慮的父母養育之下，成長得很辛苦，因為他們的父母從未採取有效的技巧處理生活上所需要的東西。

為了學會如何降低壓力，你必須改變以正面的方法取代不健全的處理機制。即使你很幸運，擁有處理壓力的傑出方法，但是也不能損害到最有效策略的本質。所以，從這方面幫助你自己，採用下列十七項經過時間考驗的策略，將有助於降低焦慮感，敞開心胸，並作好準備以管理那些有害的想法。

1. 深呼吸並保持心境開朗

呼吸是讓你緩和下來，以及去意識並轉變自己想法的最佳方法。呼吸可以降低你的壓力，因為它能使不斷運作中的頭腦和感覺逐漸緩和下來。

剛開始，你可能會質疑真的有「留意」這回事嗎？也許你會想了解有害的想法與讓你的孩子在你的背後很痛苦有什麼關聯。讓我告訴你，一旦你體驗到「留意」這件事，相信你就知道「留意」是非常清楚的事。當你的壓力越少時，你的孩子就越願意接受你的引導，而且，孩子的壓力也會跟著越少。

正如你將在「藉著呼吸達到留意的教養工作」這部分所看到的，達到「留意」最簡單的方法，就是學會有意識的呼吸。當你捕捉到有害的想法時，你要深呼吸。

深呼吸可以穩定、緩和你的情緒。下一次，當你傷心或生氣時，要記住，一定要注意呼吸。你可能發現胸部悶塞或喉嚨卡住。當我們有壓力時，我們自然就會傾向停止呼吸或淺淺的呼吸，但只要呼吸，你就會感覺到呼吸進來的空氣通過我們的身體，解除掉緊繃的感覺，甚至，有毒的想法自然就被排除掉了。出身哈佛大學的著名醫生安德魯．衛爾指出：「呼吸是自我治療的重要關鍵。」

我想起一位接受輔導的父親特羅伊，他以前是一位職業足球選手，他的孩子還不到十歲。特羅伊常常為了一些芝麻小事大發脾氣，這種情形讓他的孩子很痛苦、婚姻狀況也很不理想。當我詢問特羅伊是否願意做一些深呼吸，並提醒自己多留意降低壓力及少發脾氣。他剛開始看著我，**好像把我當作像是一個練球時被擒抱的假人**。不過最後特羅伊藉著深呼吸降低了壓力，並減輕了自己的「父母親挫折感症候群」的症狀，也不再大發雷霆，這讓他很震驚，而他的太太也非常感激。

藉著呼吸，達到留意的教養工作。這是很重要的，因為大部份人都習慣又短又淺的呼吸方式，甚至常呼吸不到新鮮空氣，身體組織也得不到完全的氧化作用，以致肌肉緊張。呼吸真是一箭雙鵰的辦法：你呼吸能達到「留意」與「健康」兩個目的。至於做到留意警覺的呼吸，其步驟如下：

- 從鼻子吸氣，深呼吸，一回吸四次。
- 當空氣慢慢進入鼻子，通過喉嚨、氣管和胃部時，你要想著呼吸的畫面。
- 當你吸進空氣時，讓你的胃部和胸部敞開，並充滿空氣。
- 如上所述的呼吸方式，一回四次。
- 慢慢的吐氣，一回七或八次，當體內的空氣逆向從胃部、氣管、喉嚨和鼻子吐出來時，在你的腦海裡也想著這種吐氣過程的畫面
- 重覆以上的動作至少三次，或是一直做到感覺心情已經穩定時。

2.帶著感恩的心教養你的公子（公主）

我確信，你希望事情可以變得更輕鬆一些。但別家的父母真的擁有比較多令人羡慕的優勢嗎？也許你的隔壁鄰居生活落魄，只能幫人洗衣服、做幫傭，賺點微薄薪資；也許你認識的某些家長好命到坐擁信託基金；也許那個只養一個孩子的家庭真的比養了三個孩子的你輕鬆多了。

毫無疑問，當你當了父母，你就會知道生活並非一件容易的事，而且很多時候你的生活也比不上人家。許多壓力都是由希望事情能夠有點不同而產生的，當我們希望生活變得更輕鬆時，很可能就會讓生活變得更痛苦。

當你越容易滿足自己所獲得的幸福時，壓力就會越小。我在從事心理治療工作

時曾經聽到也看到過許多悲傷的故事，包括生病、意外死亡、自殺和不斷毒癮發作等。所以，請你用這樣的觀點來來看待問題：與無法走路的孩子相比，你的孩子抱怨新買的運動鞋不夠「酷」，實在是小事一樁。

你可能這麼想：「沒錯，傑佛瑞博士，常懷感恩的心理，但是很明白這麼做真的有用嗎？」或者你會想這麼做可能會有作用，但可能只是暫時性的作用而已。當然你會有自己的觀點，但我得提醒你，也許日子艱困，不管是否心存感恩，但要慶幸你所擁有的而不要老想著沒有的，或老念著希望擁有什麼。喜歡你的孩子是很容易的，當你擁抱的是一個有活力、有希望和健康的孩子，而且，他就是你的禮物。

當你遇到事情出了差錯，事先規劃好的歡樂時光落空了，那麼，我建議你把計畫的改變當作是一段反省的時間。俗話說：「塞翁失馬，焉知非福。」失去一次機會，也許將帶來更好的機會。尋找這些新機會，你會發現壓力減少很多。

3.給自己正面的能量

我發現每天早上醒來的第一個想法，對當天的心境會有非常重大的影響。建議你開始在每個早上創造一個正面的心態。如果你有禱告的習慣或是有宗教信仰，那麼，就善用信仰的力量；再不然，也可以澆澆花振作精神；或者，跳上運動設備暢快運動一番，讓你走進正面的方向，也能夠獲得心靈的平靜。

清醒之後也很重要，你要繼續尋找正面的能量。我們的日常生活常常充滿各種挑戰，一整天都要維持足夠的能量。

這個世界是你可以獲得能量補給的來源，如果你去尋找，就會找到許多正面的能量。你可能對從那裡著手也有些想法。我建議你每天找時間做自己真正感興趣的事情。在此，我提供一些點子，也留下一些留白讓你自己決定你的方式。

- 閱讀可以啟發靈感的作品。
- 觀賞一部自己喜歡的電影。
- 聆聽你覺得很美妙的音樂。
- 打電話給有一段時間沒有聯絡的朋友。
- 觀察幾個彬彬有禮的年輕家庭和孩子，並吸取他們正面能量。

除了建立正面的習慣，努力避免負面的習慣也很重要。不要讓自己陷入有害的想法之中，譬如：「我太老了，所以不能……」或「我太胖了，所以不能……」。請回想第三章中所提到的，「應該」這個字眼在我們的日常生活製造了很多壓力。所以，試著從你的語彙中消除「應該」這個字以及會讓能量流失的字眼，譬如像「恨」這個字。你要相信大部分的人都盡其所能的要做好。我相信運動、跟朋友聊天，或想想讓自己開心的事，都對提升正面的能量有幫助。

4.事先問一問自己：「最壞的情況會是什麼？」

許多壓力都是來自於這種憂慮，一開始就想起「如果……將會怎麼樣？」的問題。面對這種憂慮，最好的解藥就是問問自己：「最壞的情況會是什麼？」知道什麼是值得什麼又是不值得憂慮的，這叫做運用智慧選擇你所要面對的挑戰。敞開心胸面對你無法控制的情況，最巧妙的方法就是誦念以下這段謙卑的禱詞：

上帝請賜給我勇氣，讓我能改變可以改變的事。
請賜給我謙卑，讓我能接受我無法改變的事。
同時，也賜給我智慧知道這兩者的不同。

5.及早作好準備，以保持心情穩定

男童子軍有一句格言：「及早做好準備。」根據童子軍的這種精神，藉著事先的準備，以保持心情穩定和集中精神。帕姆就是一個很好的例子，她跟先生離婚了，獨自撫養四個小學年紀的孩子。為了避免每天早上的兵慌馬亂，她都會在前一天晚上準備好隔天的早餐和午餐，並且，也把孩子們的書籍用品都擺在一起。她發現只要前一天晚上規劃準備好，隔天早上起床到孩子上學前，不再一陣慌亂。

為了達到成功所作的規劃，也是為了避免不幸的規劃。因循苟且將帶來更多的壓力，今日事今日畢勝過把事情拖到明天。以下是及早做好準備的祕訣：

• 請記住：「即使你說不，你還是很善良的人」。我曾經輔導過的好好先生唐，由於不擅長對人說不，以致一度雜事纏身、疲於應付，於是建議他對於預定之外的事情要勇於說不，包括參與社會運動、出席工作委員會，或是應付根本沒有時間和精力參加的邀約。對人說「不」需要練習，但當唐慎重地考慮自己的時間和精力之後才決定是否參加，仍然得到別人的尊敬。

• 做好事先維修汽車和裝備的工作。事先安排好汽車維修的時間，可以避免因安排不周而無法得到妥當的汽車維修。

• 對令你擔心的事要多做一些預先演練的工作。譬如，我輔導的一名成年人庫爾特發現，事先準備周詳讓他在向上層主管簡報時，展現了最佳的一面。庫爾特也發現利用時間事先在腦海裡演練簡報過程，是相當不錯的作法。他會在腦海中模擬正式簡報時的穿著、聽取簡報的人員、發表簡報的方式和內容、聽眾可能提出的問題，以及自己要如何回答等。毫無疑問，最後當他完成正式簡報時，與會的人士紛紛恭賀他說這是一次完美的演出。

• 好好整理你的家庭和工作場所，這樣你就能精確的知道自己都把東西收到哪裡去了。可是，整理東西並不我的強項，為了彌補這一點，我發現東西使用完畢隨手歸位，就能減少找不到東西的壓力。

・有些東西如果負擔的起，就要準備兩份，譬如閃光燈、隱形眼鏡的盒子、自動鉛筆、鑰匙、指甲剪、原子筆等。

・不要讓瓦斯桶的氣體存量少於四分之一以下。

・不要等到最後一枚郵票用完時，才趕著去買。

・無法正常使用或操作的物品，該丟棄就得丟棄，不要繼續留著用。如果鬧鐘、皮夾、鞋帶、雨刷或其他任何東西常故障，就要馬上送修或換新。譬如育有三胞胎的雪莉，她自稱是一位職業水準的「投手」，很會「丟」東西，常將已不需要的、會製造髒亂的東西丟棄或捐贈出去。她的作法也給我很大的啟發。

6.保持隨時記錄下來的習慣

不管你是習慣使用筆電，或是紙筆來作記錄，都應該隨時紀錄約會時間、取回乾洗衣物的時間、圖書館還書的時間。當我跟一位朋友討論這章的內容時，這位朋友送給我一句中國諺語：「筆舌應蘸墨水心。」

7.保持運動的習慣

運動運動總是讓我提振精神。它的好處很多，暫列如下所述：

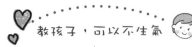

- 運動會減少罹患心臟疾病、高血壓、骨質疏鬆症、糖尿病和肥胖的危險性。
- 運動能保持關節、肌鍵和韌帶的彈性、輕鬆活動。
- 運動會延緩老化。
- 運動有助於心理健康、對抗挫折。
- 運動有助於解除壓力和焦慮。
- 運動能增強精力與耐力。
- 運動有助於良好的睡眠。
- 運動會加速新陳代謝及卡洛里的燃燒，有助於維持正常的體重。

8.善用零碎的時間，隨時作好等待的準備

只有在我們對時間有感覺時，才會產生時間的壓力感。大部分的人在我們可以好好享受當下時，卻花太多時間擔心美好的時光易逝。幾年前，我曾前往一行禪師的寺廟，參加為期一週的活動，期間學到許多寶貴的教訓。譬如，一行禪師曾說，當你遇上紅燈時，不要惱火，要保持心情穩定、注意呼吸、面帶微笑，心裡想著或甚大聲說：「吸氣，我要保持身心穩定，吐氣，我要微笑。」於是，紅燈「變成朋友，幫助我們提醒自己，只有此時才是真正在過我們的人生。」

時間的管理，就是管理你對於周遭事物的期待。隨時作好等待的準備，手中帶

著一本平裝書或雜誌，將讓你在等待時，都能感到輕鬆愉快。請記住以下的做法，你會在很短的時間內就能感到適悅。

- 內心要能接受計畫一直都在持續進行之中。
- 定期地重新檢查你整理家務的標準。
- 購買讓你能節省時間的財物或勞務。譬如，如果負擔的起，就買一臺洗碗機。
- 放棄「當一個超級老爸或老媽」的迷思，放寬標準。例如即使這個周末沒有把全部的衣服都洗好，這個世界也不會停止轉動。
- 當工作完成時，要給自己一番肯定，即使只是完成部分計畫也沒關係。
- 選擇做出承諾時，要非常慎重。
- 通電話的時間，要有所限制。

9. 了解你「真正需要」的是什麼？

你不會希望你的孩子衝動地穿越繁忙的馬路，或意外地踩到玻璃碎片。遇到這種情形，你必須要求你的孩子要聽從你的話。但是，除了安全考量與基本的身體需求，請你切記，你對孩子最希望只是你對於他的偏愛。當你越不受到偏愛左右時，你對孩子的那種偏愛就越不會成為壓力的來源。

我有一位臨床輔導對對象塞利娜，她很偏愛女兒，深信她的女兒在學校裡會努力發揮個人的潛能。當然，你會認為，這是合情合理的事。哪個父母不偏愛自己的孩子，不認為自己的孩子在學校會有出色的成績表現？不過，塞利娜顯然壓力過大，她不斷地想說服很喜歡交朋友的女兒，最好改變她的學習習慣。

我們的孩子很容易把父母親所列出的種種「必須」做到的事項，當作是對他們的控制，十多歲的青少年尤其容易轉嫁壓力為叛逆的行為。避免產生親子權力衝突的最好方法，就是記住你的希望其實是你的偏愛。父母可以期待孩子的學業成績維持在合理的水準，也可以鼓勵孩子努力追求，並嘗試具有挑戰性的工作。但是，不要催促孩子做太困難或損及孩子自尊的事。最後，我們的孩子會從他們的錯誤中學到教訓，而不是從我們的保護中學到教訓。塞利娜的女兒提娜也告訴我，當她的母親越少挑剔她時，她就會想要多努力學習一些。

10. 培養有彈性的處事態度

僵化的見解，會增加你自己的壓力。人生充滿著挑戰，但是，如果能培養出一種有彈性的處世態度，將讓你能從容面對不可避免的人生起伏。凡事要學習「順勢而為」，人生很少完全按照計畫在進行，也沒有一定的保證。失業、孩子問題、健康問題、親人過世，這些都是人生的一部分。當人生的方向並不像你所喜歡的那樣時，以下是你可以採行的彈性作法：

- 你要走出安逸舒服的環境，並擁抱改變。人生要有進展，改變是必須的，而且，擁抱改變也需要很大的勇氣和力量。畢竟，改變帶給我們新的經驗，未知的一切則常令人感到害怕。改變也帶給我們好預兆，在改變的情境下，人生不再停滯，而是邁向不同的方向。我們會更好，讓人生走向新的 方向，我們也將體驗到不同的見解，並且，更感恩我們所擁有的和沒有擁有的。
- 享受經歷的過程。到達目的地是一件美好的事，但是，享受沿途風光的樂趣也不遜色。如果你不斷地專注在做了什麼事、獲得什麼成就，或是得到什麼東西，那麼，你可能失去自己的主見與真正的你。所以，請記住，人生的旅程，你要愉快地與自己和所摯愛的人相處。
- 不要太主觀地全部都接受。我認為，我們都把人生看得太嚴肅了。是的，我們有時候很容易感到挫折，但是，如果能夠擺脫情緒的枷鎖，將讓你不再會過度反應。這樣也有助於更審慎、更客觀地看待你所作的選擇。
- 期許一個全新的結果。如果我們一生只期待所經驗的都一如過去一樣，我們就永遠不可能敞開自己接受偉大的事物，所出現的情況與我們期待有所不符時，我

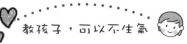

們會失望，也不知道該轉向何處。如果我們能想像我們採取的行動會產生不同的結果，我們就會有心理準備，人生可能帶領我們前往不同的方向，不管是好是壞。你能夠選擇你每天接受挑戰的結論。面對與孩子的衝突時，你要保持穩定、堅定、理解而不控制的態度，這樣就能事前化解令人難過的爭執。

11. 保持有足夠的睡眠

一夜好眠，讓你能處理白天的壓力。當你累了，就比較沒有耐性，也容易生氣。大多數成人每天需要七至八個小時的睡眠。養成良好的睡眠習慣，加上運用減少壓力的方法，可以改善你的睡眠品質。當你感到壓力時，最好安排一段逐漸鬆弛的時間，將會有所幫助。你可以試試以下的建議：

- 利用日記，記下你必須處理的一些事情。
- 洗個熱水澡。
- 做緩慢的、解壓的深呼吸。
- 禱告。
- 想像你躺在一朵柔軟的、白色的、膨鬆的雲朵之上。
- 做一些瑜伽或身體伸展運動。

但是，現在你還不能睡覺，請先把這一章看完吧！

12. 保持寫日記或記錄的習慣

前文中曾經談過將邏輯追查原因的過程記錄下來的重要性，可讓事情變得更順遂，同時，也可減輕壓力。與運動可以減少壓力一樣，把腦海中所思所想的記錄下來，也有助於減輕壓力。我從一九九三年開始練習寫日誌，開始時每天都勤加記錄，後來，就比較懶散。我發現每天寫日誌其實非常困難，曾與一位朋友談起無法像開始那樣天天都留下記錄。於是他建議我，先擺脫一定要寫的心理，只要保持想寫就寫的記錄習慣。

我很榮幸地告訴你，至今我仍保持寫日誌的習慣。有幾年，我記錄下來的日誌條數多達百餘則；有幾年只留下兩則記錄。最重要的是，當你把你的想法和感受記錄下來之後，就會有奇蹟出現。這個奇蹟是，你可以釐清思路，獲得全新的觀點。有時我會在日誌本上舒發心情，有時則是正面的想法。最美妙的是，攤開日誌本，你想怎麼寫都可以。不過，請記住，要將日誌本存放在隱密的地方，而且，也要小心不能讓日誌中所提到的相關人員無意間看到，尤其你的孩子。

13. 把心中想說的話說出來

心中很多煩惱的人常常覺得找不到人聽他們說話。必要時，要把你的問題跟可以信任的朋友訴說，或是找專業人員進行輔導，協助你釐清思路、集中心神、解決問題。作為一位心理學家，我常目睹獲得別人理解的諮商者看起來是多麼地愜意。

14. 練習少說、多聆聽的態度

當你跟別人互動時，尤其是你的孩子，最好保持少說話、多聆聽的態度。最近，我從史考特的父親丹尼斯那裡聽到一句頗有見地的話：「你知道嗎！傑佛瑞博士，我現在知道，我的工作是引導史考特，而不是一直將我的期待強行加諸於孩子身上。」我微笑地告訴丹尼斯，非常感謝他跟我分享他的「領悟」。當你越用心傾聽孩子的話，孩子就越願意與你分享令他困擾的事；反之，當你越常對孩子說教，孩子就越封閉自己。當你的孩子與你分享越多東西時，你越會感覺壓力越來越小。

15. 隨時幫助需要幫助人

我們越幫助別人，對於我們自己也會越有幫助。你可以為有需要的人準備一頓飯，你也可以敞開大門或微笑待人。儘量去了解別人，而不要求被人了解；儘量去愛人，而不要求被愛。許多哲學家和學者，包括達賴喇嘛都談到給予別人快樂也可以讓自己快樂的好處。

16. 適時地讓自己暫時休息一下

一位十二歲的輔導對象曾告訴我，他給那些抓狂的父母一個忠告：「你跟孩子生氣的時候，不要對孩子咆哮或尖聲大叫。你最好直接回房，把門鎖起來。行動前，請再多想一想。」

育有三位子女的戴得拉覺得自己快對孩子大發脾氣的時候，都會適時讓自己暫時緩和下來。我鼓勵她在快抓狂之際，先回想一下未生孩子之前，希望這個孩子是怎樣的孩子、這個孩子多麼純真、她多麼喜愛這個孩子。當戴得拉看到她女兒用力把湯匙從廚房丟出來時，她運用這個策略，先讓自己緩和下來，避開了尖聲大叫的激烈反應。

17. 讓自己盡可能忙裡偷閒

一年有一、兩次長達一個星期的家庭假期，這是很好的安排，但有時候你更需要的是小憩。譬如，打破日常的慣例，安排一個早上到咖啡館享受一頓不一樣的早餐。或是打一場羽毛球，這也是降低父母親挫折感症候群的好方法。

當你發現自己有一段空檔，不妨安排短期旅遊，不要做任何事情。你可以到附近的飯店渡假，妳也可以安排一個晚上，關掉電視、電話和電腦，準備一些簡單餐點，或叫外送的餐飲，開始講故事，或打牌，或下棋之類的遊戲。十幾歲的孩子剛看到這樣的安排，可能會覺得不習慣，但是，他們一定會很感激與家人共處時，有這種與平日完全不一樣節奏的活動。

你也要跟家族成員或親戚，保持固定的聯繫活動。每年，都安排一、兩次特別的聚會，安排一些共同活動。做什麼活動不重要，重要的是讓大家聚在一起，悠閒地歡度時光，擺脫日常生活的壓力。

結語

讀到這裡，你已經開始步上減輕壓力的行旅程。請繼續下去，管理教養子女的壓力時，請記住以下的重點：

- 對父母而言，壓力確實存在，必須加以管理。
- 壓力起源於情緒上感到失去平衡和失控。
- 你越能管理好你的壓力，你就越能管理你的孩子。
- 如果你能運用本章所提供的策略，那麼，你已經成功地步上減輕壓力之路。

第5天

做個對「有害」想法保持警覺的父母

也許你還是懷疑自己究竟是不是一個對孩子抱著有害想法的父母。當你和孩子相處時，你曾對自己的反應方式感到驚訝嗎？你有發現自己說出以下這些話嗎？譬如說：「我不知道我自己在想些什麼，我只想逃避。」或是：「我很生氣。」從現在開始，你不用再想自己究竟在想什麼。本章裡，我將提出很有用的技巧，讓你明白自己的想法。我們的內心不再是不可捉摸的了。

思想引導行動，不只父母的教養工作如此，日常生活的一切也都是如此。一位棒球選手曾說，要勇敢地冒著不怕被三振的危險，才能擊出安打。對潛在顧客抱著負面想法的銷售員，如果改不掉負面的想法，生意就很難做得成功。同理，對孩子抱著有害想法的父母親也比較容易有對孩子妄下判斷、或咆哮孩子、或有父母親挫折感症候群的問題。

第三章裡，曾經介紹過父母的九種有害想法。第四章裡，也討論過自我放鬆的方法。本書裡提供的所有策略與技巧，都是用以協助你學習減輕壓力、自我放鬆的訣竅，也是讓你更能警覺留意自己想法的重要一步。在本章裡，我們將更深入了解什麼是「警覺留意」，以及「警覺留意」如何協助你在有害的想法出現時，幫助你確認它的存在。

「警覺留意」讓父母能真正注意到有害想法

「警覺留意」讓你能真正注意到你的有害想法。也讓你能以較為成熟的態度來對待孩子，讓你不會有挫折感，也減少教養工作的壓力，讓你不會成為急性的過度反應者。當你能更保持「警覺留意」時，你就會比較有耐性的對自己或是對孩子。

「警覺留意」會讓你更聰明做事，這與做事努力不同，保持「警覺留意」，是一個永無止境的歷程，尤其在深入了解我們的孩子時。當我們對孩子的傾聽和了解越多，並且越注意我們自己的想法時，我們就更能學會接受孩子的個性與他們所做的決定。最後我們也會支持孩子，而不是破壞他們的最大興趣。

養成尋找內心各種想法的習慣

我們的心是獨特的，它讓我們每一個人都是獨立的個體。不過，即使如此，你我還是有一些共同的部分——你我都是習慣性的動物。人是一種習慣性的動物，大多數人的思考方式和做事方法，都有既定的模式。一早醒來，不管是我們所做的事，或吃飯、或思考，所做所為都跟昨天一樣。

我們依賴習慣，就像一架自動駕駛的飛機一樣，從準備上班，到刷牙、喝咖啡，都成了無意識的自發行為。你曾經有過坐進車子準備開車上班，卻忘記要去哪裡的經驗嗎？毫無疑問：習慣隨手可得，而且相當有用，習慣讓我們節省時間，而且，對每件事情都能快速反應，尤其是面對日常工作。如果我們做每一個決定都得像第一次發生那樣處理，我們一定很受不了。你能在下面空白處列舉出有哪些習慣對你的生活有所幫助嗎？

我們都有一些想要改變的習慣。你能列舉出哪些習慣是你想要改變的嗎？

思考方式也是一種習慣

做過上面這些練習之後，你將知道有些習慣是健康的，對我們也很有用，但你也知道有些習慣對我們並沒幫助。請參考本書附錄所列出的有害的想法，如果做父母的人習慣懷抱著有害的想法，想當然，他們的教養工作必然不會有太多樂趣。

如何才能擺脫老是懷有有害想法的習性呢？你要試著創造新的思考習慣，總是想著我們「應該」如何是不行的，你應該去了解自己為什麼想要改變習慣性會想到的有害想法。這樣才能幫助你確實地去改變，而不會增加你的壓力。

為了強化想要改變想法的意志，請在下方的空白處，寫出你想改掉有害想法的動機為何。它們可能是，想減少與孩子的衝突，或更了解孩子，或是建立更開放的親子關係。當你填寫動機的同時，也請思考以下這些問題：當你的內心較少出現有害的想法時，會對你的生活造成什麼影響？這麼做之後，會對你的另一半、你的孩子、你的工作、你的收入、你的社會關係與你的健康狀況，造成什麼影響呢？在你做這項練習時，所想到的層面越完整，你就越能發現更多好處，也就比較能夠堅持新的思考方式。你要一直記錄下去，直到生活裡少不了每天的日誌記錄為止。

為了改變你的思考習慣，你必須越來越清楚自己原先正在想些什麼。這種「警覺留意」的態度，將為你的改變想法和感受，尊定成功的基礎。而且，你也將從原先是一位抱著有害想法的過度反應者，轉變為一位擺脫有害想法的人。

請多多利用第四章所介紹的解除壓力的技巧，並且不斷地練習這些技巧，而之後的章節也會提出練習習目，每一次的練習最少要維持二十一天不間斷。根據研究指出，任何習慣的養成至少需要三個星期。自學成功的作家暨演說家齊格勒即曾明智地指出：「人們常常會說動機不會持續很久。沒錯，洗澡也一樣，這就是為什麼需要每天洗澡的原因。」也許你現在正努力在捕捉自己的有害想法，但至少需要幾個星期的時間，你才能夠完成保持輕鬆、專注的自我訓練，甚至明顯改變不良的思考方式。在日常生活裡，你我通常都不會去注意到自己腦海中自我對話的內容，而養成新習慣確實需要花費一些時間。

停止有害想法的四大步驟

步驟一：傾聽你的有害想法。我想，當你從頭到尾讀完九種有害的想法時，你應該會說：「哇，我真的就是這麼想。」這是我的希望，當你開始閱讀本書，也就表示你已經開始捕捉自己。果真如此，那麼，真是太美妙了。如果你還未注意到自己有哪些有害的想法，那麼，你也許需要花更多時間去傾聽。不管你想對自己的有害想法有更多的了解，或是繼續尋找有害的想法，你都會發現接下來的練習很有用。

許多父母在面對孩子時很習慣固定的反應方式，而且，就算有害的想法出現了，他們也不會承認自己有這樣的想法。許多父母都詢問過我，當他們與孩子發生令人挫折的爭執時，他們應該如何知道自己在想什麼。

事實上，大多數的父母都只有在大聲咆哮孩子時，才會注意到自己生氣了。果真如此也好，至少你已經開始發覺你的情緒感受，這顯示你正在注意自己的情緒狀態，而這正是邁向正確方向的開始與第一步。但你要繼續走下去，這樣你才能對你的有害的想法和情緒有更好的控制。接著，下一步就是注意你在想什麼，並找出是哪一種想法引發出有問題的情緒。

格雯的母親埃琳娜就非常懷疑「警覺留意」的好處。剛開始，她對我說：「傑佛瑞博士，到底是誰有時間和精力傾聽自己的聲音？我肯定做不到。我心裡老想著一堆麻煩事，亂糟糟的。接著，我就會對格雯咆哮了。一直都是這樣。」我跟她說：「埃琳娜，你一直都沒用心傾聽過自己的內心，當然不知道自己有哪些的有害想法。像你說的，你感到挫折，而且對女兒很生氣。我懷疑你之所以聽不到那些有害的想法，是因為你根本就不想聽。埃琳娜，從你的話推論，應該就是那些隱藏在你內心的想法讓你的情緒佔了上風。」埃琳娜反問我：「那麼，請問關於這個『不堪造就』的女兒，我該如何傾聽自己的聲音呢？」我只是微笑著說：「我現在聽到了一些聽起來像有害想法的說法，你聽到了嗎？」埃琳娜垂頭喪氣坐在椅子上，她終於發現自己常把格雯貼上「不堪造就」的標籤。

許多為人父母者就像埃琳娜一樣，不認為自己能夠警覺到自己正懷抱著有害想法。我要告訴你一個好消息：我知道你可以。我輔導過二千多位父母，他們都學會如何留意自己的有害情緒，以及控制自己的情緒。我知道只要再多加努力，你也可以做得到。只要你排除自己心中的疑慮，傾聽內心的聲音。當你努力去做，你所聽到的會越來越多，而且，你也越來越知道哪些是有害的想法。你不必倒立，也不必打坐，或把自己關進安靜的房間。你真正必須做的，就是注意自己的內心想法、你的每一句發言，尤其，當你正在思考孩子問題時。顯然，你與孩子直接互動的品質，會增強你對他的想法。所以，要檢視你對孩子的看法，最理想的時間是你與孩子相處的那一刻，或剛相處過後的片刻。

當你對腦海裡千迴百轉的念頭越來越警覺留意時，你將發現就算在非常安靜的時刻，譬如淋浴、遛狗或通勤時也能傾聽自己的心聲和對話。切記，你的心是二十四小時開放的，你所思所想的並不是一直都圍繞著孩子打轉，但當你有強烈的父母親挫折感症候群，那麼，你所想到的大部分事情都是與孩子有關。當埃琳娜與自己的有害想法接觸越來越多時，她的腦海不停出現的那些想法。她說：「傑佛瑞博士，當我站在停車場等人時，真的感到很強烈的自我覺知。我甚至還按照你說的將當下的想法記錄下來，才發現自己那些有害的想法。雖然我一直都知道我對格雯不肯按照我的方式去整理房間這件事，感到很不高興，但坦白講，就算換我按照我的方式整理，我也不知道究竟需要多久時間。不過，我很驚訝自己竟然花了這麼多的時間在想她是多麼懶惰的事。」

好消息是，你可以不斷回想及重新思考。當你和孩子發生爭執後，提醒自己自問自答一些問題，譬如：「關於雅各布的那種行為，我怎麼告訴我自己？」或是「當我對著傑尼斯咆哮之前，我正在想些什麼？」。

你要對自己有耐心，但當你越來越有自知之明時，不要自以為已經可以馬上捕捉到自己。說得更確切點，我們的目標在於你要捕捉的是對孩子的有害想法。我要你做的最後一件事，是把你自己界定為不能勝任艱難的排除有害想法的工作。那是多麼令人惱怒又缺乏建設性的情況？相信我，當你越努力，你就越容易達成。

以下是發覺自己對孩子是否有有害想法的四個祕訣：

1. 傾聽自己有害想法的語言。正如你所知道的，有害的想法會助長使用一些特定的字眼和用詞。譬如以下的表達方式：「總是或從來不」（「總是或從來不」的陷阱），或「你很懶。」（貼標籤），或是「是呀，沒錯，就你做得對。」（刻薄的諷刺），或是「我不相信你。」（疑神疑鬼的想法），或是「我知道，你被錯待了。」（有害的否定），或是「我真是拿你沒辦法。」（過度情緒化），或是：「都是你的錯。」（嚴厲責罵），或是「你應該……／你一定……／你得」（「應該」的陳述用語），或是「你以後一定會很悽慘。」（妄言失敗的想法）

2.隨時提醒自己。有些人發現在汽車儀表板上貼張自我提醒的字條很有效，你也可把提醒字條貼在在浴室裡的鏡子上、電腦螢幕前，並加註：「保持注意」、「注意」或是「切記要傾聽」等字眼。

一位接受輔導的家長就在腕綁上一條藍色絲帶，隨時提醒自己要傾聽自我的心聲。她常會看著手腕上的藍色絲帶，並提醒自己：「為什麼要戴著這條絲帶？」然後，馬上記起要傾聽自我心聲。

3.隨手記下當下腦中出現的任何想法。正如埃琳娜所發現的，要記錄下來的事情真的很多，因此你不妨在皮包、公事包和衣服口袋，隨時準備一本小筆記本。隨時將有害的想法記錄下來，以幫助自己捕捉每一分思緒。只要這麼做，你會很驚訝地發現原來有害的想法是這麼的多，不勝枚舉。

4. 把情緒擺在一旁。當你接觸到自己的有害想法，很容易讓你的情緒開始蔓延，甚至崩潰。這是正常的。你並不需要你像偵探一樣深入調查，你只要做好資料收集的工作。最重要的是，當你找出並確定那是有害的想法時，就不要再去引發會相關的情緒，否則，你將找不到那些有害想法的蹤跡。只要你能致力於了解自己和孩子，而不是懲罰孩子，你就能保持客觀。在此，我們的目標就是更了解孩子。

步驟二：注意身體方面的感覺。到目前為止，我們所討論的問題一直都是以傾聽自己的心聲為主。另一種讓你變成更具警覺留意能力的父母的方法，則是去感覺身體的反應。因為心靈和身體是一體的兩面，深刻相關。根據對老年人所作的研究顯示，減少焦慮和憂慮對改善健康和延長壽命助益甚大。

剛開始練習時，許多人都會很驚訝地發現，原來念頭真的會引發身體上的反應。雖然大家都知道也常說，心理影響生理，但往往僅止於知道而已。就像我們常常談到「我們的心事」，甚至有些人會說「真是痛苦呀！」

假如你開始注意到自己的身體反應，你就會發現，孩子一打架，你的背就會痛得要命，心跳也跟著越跳越快；或看到女兒把房門敲得震天嘎響時，也會覺得胃裡像有一把火在燒一般。此時是你觀察自己身體反應的最好機會，請好好觀察，用心注意身體反應與當時腦海浮現的念頭有何相關。觀察身體反應，如果感覺胸悶或頭痛的話，即表示你已經生出有害的想法了。此時，你要盡快平復情緒。

不過，有害想法的負作用，並非立即可見的。也許，突然爆發的有害想法會在瞬間引起一連串的生理反應，但逐漸發作的有害想法同樣也會對身體造成影響。兩者都會令人身心交瘁與精疲力竭。有害的想法並不會無故消失、不遺留任何傷害，它往往會留下諸多困擾，例如影響身體健康、產生病痛、感覺不適。

貝絲的兒子庫爾特，是一位過動兒，很沒有耐性。她曾告訴我，每天晚上一聽到兒子大叫：「媽媽，媽媽！」的時候，整個人就會緊繃起來。她說：「一開始會從下巴開始緊繃，庫爾特開始欺侮妹妹西娜，接著兩個開始吵架，吵到天崩地裂。然後，我的頭就開始痛到嘎嘎作響。」經過一年的輔導，庫爾特變得安份多了，但有時候貝絲還是會覺得頭痛。她說：「我好像已經習慣隨時保持警戒以因應孩子不可預料的行為，我從沒想過孩子會有不胡鬧的時候。」

貝絲的經驗與俄國著名科學家伊凡．巴甫洛夫的實驗結果，非常一致。巴甫洛夫每次準備一塊牛排給狗吃的時候，都以搖鈴示意。經過反覆實驗之後，巴甫洛夫發現狗只要聽到鈴聲響起，就開始流口水。

我們對自己的孩子都有強烈的聯想與期待。而身體是我們的想法和情緒的明顯指標，其可信度和可預測性之高，的確令人訝異！

顯示當你有出現有害的想法時，身體可能產生的徵兆：

產生有害想法時的生理徵兆

手心出汗	無精打采	耳鳴
下巴緊繃	四肢顫抖	噁心
頭痛	聲音顫抖	失眠
胃痛	視力模糊	頸痛、背痛
呼吸短促	說話聲音變大	疲勞
磨牙	緊握拳頭	頭昏眼花

當你準備要發掘自己產生有害想法時的徵兆時，要注意以下三項重要因素：

1. **你要能區分什麼是緊張狀態以及放輕鬆的感覺**。第四章裡說明了許多關於自我放鬆技巧。你不僅需要放輕鬆，更需要知道放輕鬆的感覺就像什麼。當你的心感覺平靜時，就會更了解身體的哪個部分依然緊繃，而這將有助於你注意到自己是否擔負著沉重的壓力。

2.大部分的人長期處於緊張狀態，我們也習慣於說服自己，這是正常、健康的現象。長期處在焦慮不安的緊張狀態之中，久而久之就會覺得無妨、沒什麼，但如果一天之中只有極短的時間會讓你感覺到壓力的話，那就不能算是緊張狀態了。如果你整天都緊張兮兮的，那麼你要隨時提醒自己放輕鬆。我認為這樣的提醒是非常有幫助的。我很喜歡在發覺到自己是緊張的當下，對自己說：「傑佛瑞，冷靜！」建議你，下班後或睡覺前，花點時間讓自己放鬆。無論坐著或躺著都可以，你要了解身體的每部分反應，讓它可以放輕鬆。

3.你注意到身體呈現緊張狀態時，你要試著找出焦慮的來源。前面兩個因素都在討論身心覺知的大概狀況。你若想進一步了解細微反應的話，不妨自問：「我為什麼會屏住呼吸？為什麼肩膀這麼痠痛？我在想些什麼呢？」隨時留意任何細微的念頭與身體反應，讓身體告訴你，你現在有什麼樣的想法正在浮現。

我有一位輔導對象常戲稱自己是「壓力沉重的瑞雪兒」，因為她常常需要叫自己「冷靜」。當她第一次來時，她有一大堆的壓力問題，以及衍生的身體病痛，包括頭痛、胃痛、偶發的焦慮症和肌肉僵硬等。瑞雪兒形容自己「正在崩潰之中」。

瑞雪兒開始演練各種放輕鬆的技巧和策略。有一天，她跟我分享如何運用她剛學會的新技巧：「這個方法需要全身上下一起配合，我會跟自己說：『現在起，膝蓋開始覺得放鬆，然後，手臂也放鬆了，全身都放輕鬆了。這個時候，我會努力保持全身放鬆的狀態，然後再把身體縮起來，縮到覺得緊繃，並持續幾秒鐘，再重新放鬆』」它不斷的反覆練習，直到擺脫壓力的困擾。

步驟三：查明有害想法的導火線做父母的人，都會有一觸即發的敏感問題。尤其是當我們面對某些情況時，特別容易出現有害的想法。譬如，聽到孩子在背後說些不尊重的話、房間一團亂、享受特殊權利和動機崩潰等情形。這很重要，你要先確認有害想法的導火線為什麼？如此你才能知道自己何時會出現那樣的想法。

以桃樂西和羅貝達這對父母為例，他們出現有害想法的導火線，就是喜歡拿自己的孩子杜恩跟他的表兄弟比較。他們覺得杜恩很懶惰，所以常把杜恩拿來跟努力工作但學業成績不好的表兄弟做比較，並認為他應該要比他的表兄弟更優秀。不意外地，杜恩對父母的過度期待感到很不滿。

桃樂西說：「杜恩出生後，我們就盡可能給他最好的東西。譬如，讓他上鋼琴課、找家教，只要說得出來的，我們都去做。按理說，狀況應該越來越好才對，但杜恩對我們的努力不理不睬，也不做功課，學業成績只求及格就好。顯然杜恩根本沒有上進的意願，我們真的很失敗。」

羅貝達則表示：「我是這麼想：『我為了這孩子是這麼努力、拼命。我在貧民窟出生長大，從小就得努力工作、維持生計。可是，這個孩子卻只知道不斷的要求。更糟的是，每次我跟他說話時，他連正眼都不看我。我想對我他起碼應該有基本的尊重，但每次只要我跟他說話，最後都會變成一場尖聲大叫的比賽。他老跟我說：『你總是當我是個廢物一樣。』或說：『你根本不在乎我的意見。』所以當我建議我們一起去接受諮商輔導時，我們倆都很忐忑，但也都明白我們很需要這樣做。除了親子問題外，這個孩子也對我的婚姻造成很大的壓力。譬如，上星期他掛了我的電話，當時，我只想跟他討論考試分數的問題。但對杜恩來講，我好像只是個賺錢的工具。他讓我感覺不受尊重，也不聽我的意見。這讓我們頭痛不已。」

從桃樂西和羅貝達的敘述不難發現，杜恩選擇了逃避，自然學習潛力也就發揮不出來，成績也不理想。可是當雙親是出善意想與他互動時，他卻又表現出極度不尊重的態度。幸運的是，桃樂西和羅貝達兩人都承認，問題癥結就是杜恩的成績，那是讓他們產生有害想法的導火線。既然兩人都察覺出問題的癥結點，也就能退一步思考，並重新檢視自己對孩子那些立意好但不切實際的期待是否有問題。後來，羅貝達的想法也有改變，原先他認為：「這個孩子根本不關心自己的未來」，後來，他想：「成績不理想也沒關係，也許杜恩可以考慮就讀社區大學，如果這樣他還是不接受，那就算了，反正我們也不能怎樣。」」。有趣的是，當桃樂西和羅貝達越努力消除有害的想法，杜恩就越用功。最後，杜恩選擇就讀一年制的社區大學，並成功轉入大學，後來，甚至獲得工程師學位。

以下的指導原則，可以協助你找出有害想法的導火線：

1. 保持客觀的立場：先按兵不動，不要操之過急。我只是鼓勵你在生活上多注意親子間的互動，尤其是有害的想法出現時。許多接受輔導的家長都發現登高以望的方式，對他們真的幫助很大。在親子互動時，你如果能客觀、不帶判斷地觀察孩子的狀況，那麼，你就會有更開放和平衡的觀點。不可諱言的，我們常會執著於某種角色，譬如，本來監督者或該做作業的小孩，最後，卻變成親子的權力鬥爭，這些都是可以預期的。所以，你要注意整個情況而不被吞噬了。

2. 記錄追蹤有害想法形成的軌跡：步驟一中關於「傾聽有害的想法」中，我曾建議你準備筆記本，隨時記錄你的所有想法。這是非常好的作法，可以讓你了解自己和孩子究竟對哪些議題特別敏感；又是哪些問題，譬如家庭作業、兄弟姊妹的相處、整理房間等，是引發有害想法的導火線。如果你發現自己反覆因為同一個問題而不斷爭吵，你就要特別注意，有害的想法可能已經在發生了。經過記錄追蹤，許多家長驚訝地發現在原來自己反覆對同一件事隱藏了這麼多有害的想法。

3.要了解壓力來源是會改變的：也許，你的孩子與你再婚的對象合不來，他告訴你他是多麼地怨恨他的繼父，這件事頓時讓你覺得挫折感突然加劇，不由得生出有害的想法。之後經過了一年多的長時間相處，也許彼此逐漸接受了對方，你的孩子與你的新丈夫之間的緊張關係減輕了，但你卻發現孩子新結交的同儕友人對孩子影響頗大。這裡要告訴你的是，父母親關切的重點及親子教養會隨著壓力來源而改變。也許你明白主要的壓力為何，但並不意味著不需要注意其他的壓力源。

很多時候，引發有害想法的導火線可能是我們的個人問題，或是個人的「包袱」。大部分的人都不喜歡處理過去的東西。為什麼？因為沒有人喜歡挖舊瘡疤或承認錯誤。但是，我會想辦法翻出自己的舊包袱，因為我知道這樣會讓事情好轉。我也知道當我一味地否認有某一樣東西會讓我傾向有害的想法時，那麼，我就像是暗路夜行，在毫無警覺之下，不斷的發生碰撞。

不管是好是壞，就如何處理教養問題而言，我們受家人的影響非常大，但大部分的人都不自覺。家人表達關愛的方式往往會形塑你的期待與認知，但你可能不知道。例如，從小你的父母就用非常嚴苛的管教方式來撫養你，那麼即可能影響你以批判的態度對待孩子，並傾向於運用「總是或從來不」或使用「你應該」如何的管教方式，而這種教養方式勢必也會造成孩子透過逃避與防衛的方式對抗你。

我很樂意告訴你，你現在就能找出那些毒化你的想法的問題。你所要做的，就是承認問題並多留意自己的情緒包袱。最簡單的方法就是了解造成問題的行為模式。如果你的孩子總是以反叛的態度來對待你，而你也一直以非常負面的方式來回報他，那麼，此時，也許你應該照照鏡子，看看自己是不是跟當初父母責罵你時一樣的表情猙獰。但你不必自責或怪父母害你教養子女受挫，你要做的是，更深入的了解自己並丟棄舊包袱，這些都將有助於改善親子關係。

步驟四：保持平靜。避免有害想法的最大理由，就是有害想法會引發有害的情緒，譬如憤怒、挫折和怨恨等。保持平靜有助於發覺和控制有害的想法，也可以控制有害的情緒。

父母要如何控制憤怒情緒，是一個很重要的問題。因為憤怒失控而導致虐兒的事件時有所聞。我很慶幸，我的有害想法和情緒並沒有讓我對自己的孩子施以身體上的虐待，但那些想法和情緒卻讓我變得蠻橫無理。這真的很不健康。於是，我努力改善說話方式，當有害的想法逐一消除之後，我則更賣力重建親子關係。

在進一步深入討論前，且讓我們先談談「控制情緒」的問題，你將了解情緒對生活的影響有多大。

控制有害的想法，就能控制情緒

情緒是非常強烈的、非常有力量的。我們的情緒會受到媒體、政客、孩子、父母、同事，甚至是寵物所左右（請想想，當你走進房間，一眼就看到小狗在新買的地毯上製造「意外」，你會有什麼樣的感覺？）。有時候，我們的確會相信，我們是被動的，我們的命運掌握在可以影響我們情緒的人身上。

但是，我並不完全認為同。請試想以下情境：你曾因為別的駕駛人不肯讓道，而緊急煞車嗎？你曾忍耐著不去買一個自己根本負擔不起，但卻很想要的東西嗎？你曾想在大庭廣眾之下嘶吼或毆打某人，卻拚命忍著不動手嗎？這些情況之所以沒發生，都是因為你的自我控制，不隨情緒起舞。你有自我控制的教養，而且展現克制的力量。你同樣也可以用自我覺知和自我控制，來教養子女。這就是成長。

可惜的是，有太多的父母與孩子互動時，並不會去自我控制。某些敏感的問題和會引起有害想法的導火線總是讓我們失控。但是，有害的想法和情緒是不能失控的。請你永遠記住，藉著控制有害的想法，就能控制我們的情緒。

改變你的想法，就能改變你的情緒

當孩子的行為觸怒了你，並讓你產生有害的想法時，請記住，這點真的很重要，你並不了解孩子為什麼這麼做，你只是對孩子造成混亂、衝突的行為惱怒。對孩子的言行你可以有選擇性的解釋，你可以將它解釋為有害且不切實際的，也可以將它解釋為沒有害且實際的。

正如第三章中所提到的，我們可以改變和形塑我們自己的想法，這個觀點在認知治療界早有熱烈的討論。治療師們也指出，他們能有系統地訓練被輔導的對象，擺脫挫折、焦慮、憤怒和其他問題情緒的束縛。關鍵在於：你的想法會影響你的情緒，只要改變你的想法，就能改變你的情緒。這會讓你在教養子女方面發生重大的變革。當你認同了這種教養觀念，就會讓你的想法更清楚、平衡且正面，也會有助於改善你與自己、配偶、朋友與同事，以及生活中的每一個人的關係。

要成為對自己的想法和情緒保持警覺留意的父母，需要自律和成熟的心境。而身為一個具有自律力的父母，即意味著勇於面對並處理那些令人困擾的想法和情緒。當你越來越能自我克制，你就越不會去管教子女。因為你對孩子的有害想法越來越少，所以，孩子也不會老想要對抗父母，自然毋須管教。

是的，我知道孩子確實也會試著去測試父母的反應，而衝突似乎也就這樣突然爆發。挑釁、測試是孩子的天性——測試看看自己能做些什麼事。但只要你對孩子的鼓動、挑釁、操弄、陰謀和興風作浪的行為，做了某種解讀，那麼你的解讀就會成為教養孩子的基調，不管是平靜的處理問題或帶來混亂的情緒動盪。

我曾對二千多位父母和孩子做過輔導，也看到許多父母親擺脫了有害想法的束縛。當孩子越來越受教時，他們的家庭也越來越充滿歡樂氣氛。

但我的意思並不是要你樂觀以待就好，不要去理會孩子煩擾你的事情，這是不可能的。一旦你忽略了教養工作所帶來的挫折感，你就會出現父母親挫折感症候群，剛開始，你會努力去抑制這些情緒，直到忍不住，整個大爆發，而你和孩子都會感到非常可怕。

觀點影響想法

有一天晚上，切羅基族的一位長者跟他的孫子說了一則傳說。他說：「孩子，這場戰爭發生在我們每個人內心的兩匹『狼』。其中有一匹狼是邪惡的，充滿憤怒、羨慕、嫉妒、悲傷、懊悔、貪婪、自大、自憐、自責、怨恨、自卑感、欺騙、虛榮心、優越感和自我。另一匹狼是善良的，充滿歡樂、和平、愛、希望、寧靜、謙虛、仁慈、博愛、同理心、慷慨、真理、熱情和忠實。」

這個孫子聽到後，想了想，又追問祖父：「哪一匹狼贏了？」這位長者回答：「你飼養的那一匹贏了。」

這則故事，是一位輔導對象從網際網路上轉載下來給我的。我很喜愛這則故事，因為它就在強調我們看待事物時所持的觀點，會產生重大的作用。當你知道有害的想法時，就像這個故事一樣，你可以選擇繼續「飼養」它，也可以改用更健康的思考方法取代那些有害的想法。

換個想法將有不同成果

與其忽視有害的想法，不如阻止它們，並開發另類的思考方法。如果你能改變想法，採取更健康的和無害的想法來看待孩子，那麼，在大部分的情形下，你的孩子都會對你作出正面的回應。正如你將看到的，另類的想法將帶來另類的感受，而且，你與孩子也將進入一種全新的關係，雙方的互動也會漸入佳境。

蘭迪是一位事業成功的電腦顧問，育有兩個要求很多的孩子，他們都是過動兒，而且都有學習障礙。當蘭迪和現任太太第一次找我輔導時，蘭迪很清楚地的表明：「我是個很講究邏輯的人。」多年前，蘭迪與前妻早已求助過許多心理輔導專家，均無所助。他認為所做的輔導既不具有指導性，且「毫無章法」。

蘭迪也很明白的說，之所以來找我輔導，只是為了表示對現任妻子琳內特的支持，他希望現任妻子「能得到一些有助於教養孩子的技巧」。蘭迪睜大眼睛對著我說：「我無意冒犯，傑佛瑞博士，但我真的不相信你的方法。但我還是會姑且裝做相信你的方法，也許真的能幫助我太太去管教子女。」。他接著說：「現在的父母都太寵孩子了，應該多注意孩子都在做什麼，而不是一昧地關注父母的想法。」

蘭迪越說越起勁，甚至很堅定地說，他和他的家人都不需要來我這裡接受輔導。於是，我也接著他的話說，我同意他和他的家人都無需來找我輔導，這讓他很驚訝。我接著說，輔導可能會有用，但確實不是一定需要。後來，蘭迪也告訴我，他喜歡我的說法，他認為我的回答既誠實且無防。

於是，我又問蘭迪一個問題：「如果我以防衛的方式，亦即帶著有害的想法，回答你的問題，是否會影響你對我的感覺？」蘭迪說：「當然！」我聽了笑一笑。從那時起，蘭迪對於自己的思考方式非常開放，因為他了解那些想法的影響力。

當父母了解有害的想法會造成的影響後，許多父母都跟我表示他們希望重新擔負起教養子女的工作。對於這樣的回應，我只能表示：「嗨，雖然晚了點，但總比完全不做來得好。」我曾聽過許多親子的感情長期處在負面關係的故事，有時候，甚至拖了一輩子都解決不了。

身為父母的人，你現在有機會用更中立與健康的方式表達你的想法和情緒。你也可以用比較不激烈的方式，或更平靜、合乎潮流的方式來管教孩子。現在，就讓我們以另類的想法取代那些有害的想法。以下將提供一些技巧，幫助你建立一個更健康的另類想法。

面對有害的想法，你要自己提出證據來

培養健康的另類想法，取代那些有害想法的作法，其實很簡單。你只要收集有害想法的證據，就能阻止它。請記住，有害想法的產生，就是因為你把孩子的作為、言語和行為作了扭曲的解讀。大部分的家長一直不了解，對抗有害的想法必須以證據為根據，並加以健全的、正面的和另類的解釋，而不是靠情緒。如此，親子關係才會更牢固、更美好。

當你對孩子的言行出現有害的想法，譬如「他不斷的挑戰我」或「她總是不尊重我」，此時，我認為你要拿出具體的證據證明孩子的確有偏差行為，而不是作扭曲的解讀。你要跟自己證明，你的孩子並不是總是對你不尊重、不聽話、不誠實或有其他負面行為。

等等！這樣豈不本末倒置了嗎？因為你不需要證明孩子正在向你挑戰，所以，你沒想過要讓他改掉偏差的行為？因為當你萌生有害想法時，已經注意到令孩子一直蓄意挑戰你的證據。反之，你必須挑戰自己對孩子言行的解讀，以收集有害想法的證據。當你正努力粉碎有害的想法而採取重要的步驟時，請記住以下重點：

1. 至少找出孩子三個正面的例外行為。 有害的想法包羅萬象，不管你對孩子的有害想法是哪種，你都要盡力找出孩子有哪些正面的例外行為。你的孩子不可能一直都在反抗你，或一言一行全都是偏差行為。

蘭斯認為十四歲大的兒子馬丁是「不知感恩的孩子，總是一直沒完沒了的要求。」於是，我鼓勵蘭斯多想一想馬丁有哪些正面的例外行為，結果，他驚訝的發現孩子的行為，並不全都是讓他難以應付的。蘭斯說：「馬丁在媽媽動乳癌手術後，表現得很堅強，而且，他對弟弟也很好。」

當蘭斯開始專注孩子的其他事情，並且坦開心胸接受馬丁的優點後，有趣的轉變終於發生了。馬丁越來越心存感激，而蘭斯也發現自己以前對馬丁的偏頗想法，是大有問題的。

這是挑戰你在對抗有害想法時所衍生的奇妙處。當你越努力挑戰對孩子的有害想法時，你就越輕鬆。就像蘭斯一樣，如果你能從孩子的行為，找出與有害想法相反的正面例子，你也就會覺得更有力量。找到一個或兩個正面的例子可能會說服你，但是，找到三個或更多例子會更好。

2. 假裝你不是那孩子的父母親。 噓！請再堅持一下，請更仔細閱讀本段內容。許多家長曾坐在我的辦公室，同一時間還有一些外人在現場，包括其他家長、老師、音樂老師、空手道教練等，但是，那些人都認為來找我輔導的這個孩子很好，因為他們都沒見過他的偏差行為。切記，你可以想像你並不是這個孩子的爸爸或媽媽。我知道，有時候這非常有趣。但是，讓我們用比較嚴肅的方式來看待，現在我要求你做的是，先將你的情緒擺在一旁，不要去想這個孩子在現場的畫面。所以，你把自己想像成你只是跟那個孩子有一些磨擦的鄰居或朋友。我們都知道所有的家長與自己的孩子都有難以相處的時間。現在，你假裝自己並不是孩子的家長，你大力讚賞那個孩子。這樣會讓你敞開心胸，對你的孩子會有更正面的看法。

我有一個交情很好的朋友，他跟女兒之間有一些很麻煩的問題，這個女兒現在已經長大成人了。我的這位好朋友很隨和，經常笑口常開。可是，有一天，當我們聊到他的女兒時，他的心情突然大變，好像車子急轉彎似的。他馬上出現有害的想法。當時，我平靜而誠懇地分析他女兒所具備的正面的特質和個性給他聽。於是，他慢慢平靜下來。接著，這位朋友長期埋在心底的對女兒的好感一湧而上。當晚就特地帶女兒上館子吃飯。他開始注意到自己女兒美好的特質和個性。此後，這位朋友就很少再對女兒湧現有害的想法，即使偶爾出現，也是很短暫。可以這麼說，從此，這位父親和女兒的關係比以前更密切。

透過別人的眼睛來看自己的孩子，你會發覺孩子隱而不明的優點。當你越消除對孩子的有害想法，你就越能以同理心去了解孩子的看法和觀點，並有助於移開路障與排除那些潛藏的有害想法。同理心，尤其是強烈的同理心，是牢牢維繫父母與子女的關係的情感黏著劑。了解孩子，和愛孩子同樣重要。切記，了解孩子這件事，往往是喜歡你的孩子不可或缺的一環。為了幫助你養成這樣的心態，你可以想像因為找到證據而拿了五十萬美元獎金，並保護孩子免於受到有害想法之害。

3. 記住正面、健康的想法。許多電視機都分割畫面的功能，可以同時分出許多分格畫面。我有一位同事曾告訴我，可以將對孩子的負面想法看作是某個分格畫面，同時，將對孩子比較正面的想法看作是電視機中的大畫面。如果你一直用「大畫面」的觀點來看待孩子，你就可以很成功地對抗那些有害的想法。你要把有害的想法變成一個個分格的小畫面，把另類的正面想法擴大成為大畫面。當你以「大畫面」的觀點看待孩子時，你的想法將會變成一個對你更有幫助、更健康、更正面的想法。這種練習的奧妙之處，在於你不必為了將有害想法完全消滅而感到壓力沉重。你只要注意把有害的想法縮小，同時，把正面的想法盡量擴大。只要這麼做，你就更能有效地控制你的情緒。

4. 記錄下來。作記錄能幫助你發掘黑白分明的有利證據。想想看，當你寫下的記錄是關於正面的想法，這是多麼棒的感覺。看到有分量的工作檢討記錄感覺肯定很棒，不是嗎？給你高分的老師你覺得怎樣？當你寫下對孩子的正面行為的陳述時，會讓你變成一位對孩子更警覺留意的父母。首先，請親自試試看。請在下面空白的地方，先寫下與你有關的具體而正面的事情。

請給自己這份禮物，只要與你有關的任何事都可以。譬如，到女兒學校當志工，或是感謝其他家長擔任孩子的足球隊教練。或者是你被當作某個團隊的一份子，或是一位工作上能解決問題的人。如果你做這件事，讓你對自己感覺很好，為什麼，你不把這個禮物送給你的孩子呢？

對教養的方式提高警覺

當你對有害的想法更加警覺留意時，令人驚訝的轉變將會跟著發生。你將了解在面對孩子時，一定要對你的情緒有一個選擇。這個選擇就是你不能感到憤怒、被拒絕和挫折感，這些情緒都是有害的想法必然會帶來的。確實，就短期而言，向有害的想法屈服是很容易的，甚至感覺也很好。但是，就長期而言，你與孩子的相處，情緒上會有不健康的後果。而且，你會有深受父母親挫折感症候群之苦。

我喜歡把父母警覺留意孩子的教養技巧，看作是與有害想法相反的東西。有害想法是無意識、慣性、單向的、僵化的，對於教養關係是有害的。相反的，父母的警覺留意教養的作法，則是連貫、有彈性的。而且，父母能保持警覺的教養方式，也會帶來更多的接納與同理心，並增強孩子的自尊心。

盡量保持冷靜

也許你對我也生出有害的想法，但我希望沒有。不過，你會擔心當你與孩子發生衝突不和的時候，你可能補捉不到那些有害的想法。瑪德琳是一位常怒火中燒的母親，有一個十四歲大的孩子，名叫喬伊。她參加我的課程時，坐在長沙發上，身體前傾。她的先生克勞德看著她，鼓勵她保持平靜。瑪德琳說：「傑佛瑞博士，我是由德國籍的父親和愛爾蘭籍的母親撫養長大的，只要他們告訴我要做什麼的時候，我知道最好不要多問，做就對了。」她又接著說：「我想要給喬伊最好的，想要他保持平靜，但是，他很難做到。其實我真的很想乾脆把她的一切拿走，當作是對她的處罰，給她一些教訓。」

先前，喬伊曾經被送去跟外公住，外公是一位已退休的公立學校副校長。雖然原本是希望透過外公的管教，喬伊能好好受教，但最後，反而搞到外公、外婆精疲力盡、不知所措，結果喬伊又被送回家。幸運的是，當瑪德琳擺脫了有害的想法，並發現自己並沒有必要當一個老想要處罰孩子的母親，她的壓力減輕了。

這可能並不容易，但為了對有害的想法時時保持警覺留意，你不能讓自己陷在憤怒與挫折之中，你要時時保持冷靜。

以下有三個方法可以幫助你保持心情平靜，不會讓你被有害的想法困住。

1. 多給自己鼓舞士氣的話。提醒自己，如果你能感覺到自己的教養焦慮，那麼你就能擺脫它們。你可以告訴自己：「我覺得瘋了／我感到很傷心／我覺得被拒絕／我覺得受傷，因為有一個無法反映真實情況的有害想法。」，然後再問問自己：「我想要控制自己的想法嗎？還是我想讓我的想法來控制我？」，誰會去選擇後者呢！再問問自己：「如果我一直不理我的孩子，那麼，再過幾年會怎樣呢？」

2. 選擇另類的因應方式。有一天，我的一個孩子讓我很煩，我開始失去冷靜，直到我聽到這個不可思議的啟示，才解除警報。這個啟示如下：「你無需這樣」，我才領悟。當下，對我而言，真是奇妙的一刻。」，我選擇以平靜的、堅定的、非控制的方法對應。令人非常驚訝的是，最後，我獲得嶄新而正面的結果。

3. 默念一段話。擺脫有害的想法很簡單，只要承認那是有害的想法，並且反覆復誦一段簡短的話，譬如：「沒事，放輕鬆」。相信我，反覆復誦一段簡短的話，可以幫助你建立新的思考習慣。切記，當你認為與孩子的相處充滿挫折時，你必須練習思考擺脫挫折的方法。你可以默念一句簡短的話，譬如：「沒事，一點也不可怕。」、「冷靜，其實沒那麼糟。」，或「等等，這是有害的想法嗎？」，這些話能委婉地提醒你保持警覺留意，而且，能幫助你避免掉進有害的想法染缸中。

結語

接下來的兩個章節，將帶你近一步深入討論對抗有害想法的問題。現在你已知道如何成為一位對有害想法更警覺留意的父母，我還會教你因應有害想法的有效技巧。當你閱讀時，請記住下列重點：

- 對有害的想法能保持警覺留意，將讓你更有智慧地處理有害想法的問題，而不是只努力面對它而已。這麼做，你將會學到如何發掘並確認這些有害的想法和情緒，並為有害想法和情緒負起自己應負的責任。
- 身體的反應是非常重要的訊號，它會告訴你，你的腦海裡正在想些什麼。
- 面對有害的想法時保持平靜穩定與警戒留意，對管理自己的情緒大有幫助。
- 一旦養成傾聽有害想法的習慣，你將很驚訝地知道，原來過去自己對孩子的有害想法的了解少之又少。

第6天 消除「逐漸發作的」有害想法

這是一個很重要的問題：既然你已經留意到自己對孩子的有害想法，那麼，你準備怎麼做？我很希望你能夠擺脫腦海中那些負面的想法。

在本章和下一章裡，我將告訴你如何發掘並排除令人困擾的有害想法。只要排除掉腦海中的垃圾，你就可以改以平衡的、健康的想法取而代之。而這些想法就是我所謂的「另類想法」。我稱之為「另類想法」，也就是我們對孩子的言語、態度和行為，將改用一種全新的、較為公平的，以及更有彈性的想法看待之。當你因為管教子女的問題而深感挫折時，你將很難了解自己的孩子為什麼會這麼難以應付。有害的想法會造成嚴重的破壞，讓我們失去冷靜以及解決問題的能力。之前在第三章裡，曾介紹過九種有害的想法，其中前五種有害想法，我把它統稱為「逐漸發作的有害想法」，因為這五種想法都是經過一段時間慢慢醞釀、惡化和累積所形成的。心中抱持著「逐漸發作的有害想法」的父母，所表現的是比較疏遠的親子關係，而且，也很不快樂。

第七章裡，我將會討論到「突發性的有害想法」。這些「突發性的有害想法」就像火災似的會突然竄起，很容易就變成大吼大叫、勃然大怒。請你記住，任何有害的想法，都可能變成「逐漸發作的有害想法」或是「突發性的有害想法」。不過，我們以上這兩大類型想法的分類，都以概念性質為主，而非絕對的。

對抗「逐漸發作的有害想法」或「突發性的有害想法」的關鍵性作法，在於運用「另類想法」。我們在前面的第章曾討論運用放輕鬆及對孩子要留意的策略。如今，前面所提到的那些策略，都可以運用在本章所介紹的另類想法。而且，很重要的是，放輕鬆策略更適用於對抗「突發性的有害想法」。

令人難過的是，充滿有害想法的人會耗損大量的時間和能量，消耗量之大遠比你所了解的還要嚴重。我知道，當你不高興的時候，你很容易被誘惑去指責孩子（不管針對真實情形或是暗喻），你可能會這麼問：「如果一開始孩子就很惹人厭的話，我為什麼還是得要察看自己的想法和作法？」其實，我只是要你記住，當你在指責孩子時，你並沒有指責自己的想法。這樣做，對你並不利，因為最好的管教方式，是直接來自你的想法。只有等到你能控制自己腦海中的想法時，你才能控制失控中的孩子。沒錯，要成為一位理性而中庸的父母，需要自我克制和多加努力。如果你的孩子跟你無法好好地相處，你肯定會感到精疲力盡。即使短期內你對孩子抱著有害的想法並發洩內心的氣憤，而且你也感覺還好，不過，長期而言，你只是製造更多的憤怒和緊張。

現在讓我們開始討論五種「逐漸發作的有害想法」，你也可以確實了解如何創造對抗每一種有害想法的「另類想法」。

第一種：解除掉進「總是或從來不」的陷阱

第三章裡曾提到朱莉的案例。朱莉有一個十三歲大的女兒瑞秋，她對女兒抱著負面及以偏概全的想法。她們常發生衝突，為此，她深感挫折，同時，也痛苦地掉進「總是或從來不」的陷阱，對女兒總是充滿著負面看法。面對瑞秋，朱莉心中充滿有害的挫折感。譬如，朱莉總是認為瑞秋「從來不滿意我對她所做的一切，或是瑞秋「總是」製造戲劇性的事件，或是瑞「從來不」會關心別人，只關心自己。

後來，朱莉參加我的輔導課程之後，了解自己對女兒抱著「總是或從來不」的有害想法，這對於女兒是很不公平的。朱莉因為對女兒抱著極為負面的想法而感到壓力沉重，於是，她很努力學習如何驅除有害的想法。剛開始時，朱莉含著淚水跟我承認：「傑佛瑞博士，談到這些事，令我覺得非常痛苦。但有時候我真的無法忍受瑞秋的行為。她一直跟我對抗，並且似乎很樂在其中。」。讓朱莉最近感到最挫折的是，瑞秋強烈地抱怨母親幫她買的新牛仔褲「很難看、很醜」。

在我的鼓勵之下，朱莉開始轉變想法，反過來尋找對女兒有利的證據。朱莉也注意到自己認為瑞秋一直不知感恩這種看法，其實大有問題。我們也發現茱莉所陳述的部分情況並非事實，譬如：

- 瑞秋曾經告訴媽媽，她很感激媽媽幫忙她考前複習歷史。
- 上個星期，瑞秋也告訴朱莉，她很喜歡媽媽幫妹妹添購的那件裙子。（這件事顯示，瑞秋也會感激母親對其他家人的正面作為。）
- 最近當朱莉告訴瑞秋，唸中學的日子並不輕鬆時，瑞秋並未抱怨她的朋友都是一些「吸毒的人和沒出息的人」。
- 當朱莉告訴瑞秋，她很難表達喜歡自己的女兒這件事，對此，瑞秋表示同意。
- 朱莉平靜下來時會提醒自己，瑞秋的身材不好，因此她對女兒的服裝很在意。

當朱莉注意到女兒瑞秋能夠心存感恩並做出正面的行為之後，她還有很重大的發現，亦即還有更多的證據足以證明瑞秋也是懂得感恩的。譬如，當女兒瑞秋公開地稱呼朱莉是「我的媽媽」時，她尤其覺得自豪。對別人而言，這可能是一件小事，但朱莉聽到後笑得很開心，每次回想起就特別滿足。朱莉還進一步想到許多瑞秋很會替別人著想的事，而且，她也具有良好的人格特質。這些正面的事情剛開始就像小水滴一樣，但是，不久便像潮水般大量湧進朱莉的腦海。顯然，找到更多有利於瑞秋的事蹟並不困難，至少還可以找出六件與朱莉的有害想法正好相反的證據。於是，我請朱莉記下更多的「另類想法」。

1. 瑞秋說過她很喜歡我做的義大利式滷汁麵條。
2. 兩個星期前，瑞秋表示很感謝我帶她和她的朋友去逛大型購物中心。
3. 幾天前，瑞秋曾為了發脾氣的事跟我道歉。
4. 我參加跆拳道的訓練課程時，瑞秋很負責任地照顧妹妹。
5. 我的父親去年過世時，瑞秋表現出不可思議的耐性和支持力量。
6. 瑞秋最近寫了一篇英文作業，在這篇文章中，她說我是很了不起的媽媽。

以上這六項事實都是白紙黑字的證據，朱莉必須確認，而且，也因此停止對瑞秋再抱著有害的想法。朱莉停止那些針對瑞秋的扭曲想法，重新看待瑞秋行為表現的真實面：亦即瑞秋可能不是一個容易應付的孩子，但是，並非「總是」不知心存感恩的人。事實上，瑞秋擁有照顧別人、愛別人和心存感恩的能力。更棒的是，朱莉幾乎馬上不再對瑞秋生氣了。朱莉問我：「看過所有這些證據之後，我怎麼還能對她抓狂？事實上，我比以前更欣賞她。想到之前對她甚至還抱著有害的想法，我覺得應該跟她道歉。」朱莉停頓一下又接著說：「喔，我剛剛又說了不該說的應該這兩個字，我猜對自己這麼嚴格，並沒有幫助。」

停止對瑞秋的有害想法，朱莉發現另一項意想不到的禮物：她發現自己與先生的磨擦越來越少，而且，他們的婚姻關係越來越和諧。她的先生唐納德過去常常夾在太太和女兒之間，心情很壞。就在朱莉排除自己對女兒的有害想法之後，唐納德終於吐露藏在心中的看法：「朱莉從來不讓這個孩子有一點喘息的空間。」像常常發生的事情一樣，當出現在某特定關係之中的有害想法被排除之後，那麼，在其他關係之中的有害想法亦將隨之消失。

這樣的重大轉變並非不尋常。你可能懶得聽這些，但是，因為實在太重要了，所以，我還要再說一次。重點在於想法會影響情緒，藉著改變潛藏在內心的想法，確實能改變你的情緒。此外，藉由對抗與克服你對於孩子的有害想法，你會重新發現孩子的正面人格特質。你也不僅會覺得當父母是一件很快樂的事情，而且，也會對自己感到很滿意。更重要的是，你的孩子將會感受到你的改變。

發現那些有利於女兒的證據，與朱莉對女兒的感覺越來越正面，讓朱莉更能專注在「大畫面」（意指對女兒的正面想法）。換言之，朱莉所看到的是女兒瑞秋在過去一段時間以來，所表現出來種種心存感恩的事蹟，而不是只看到少數的不知感恩的那一面。同時，朱莉過去指稱的「瑞秋一直製造戲劇性事件」，與「瑞秋只關心自己」的有害想法，也全都消失了。通常一旦家長排除並捨棄某種有害的想法之後，其他的有害想法也會自動消失。這一點也不足為奇，當瑞秋感受到母親了解她以及兩個人的關係往正面發展時，她那些戲劇性的古怪行為和只關心自己的作法，也跟著越來越少。當我們備感威脅時，我們可能看不到「大畫面」，也就是我們的孩子是有預謀的，而且，他們也很需要我們信任他。此外，在孩子的不適當行為的背後，通常充滿著困惑、傷痛和恐懼。請切記在這個「大畫面」真實的一面：

- 沒有哪個父母親或哪個孩子是完美的。
- 問題並不會一直延續下去。
- 當孩子的言行舉止不當時，父母對孩子的了解是能重新控制孩子的最佳策略。

表6.1 從「總是或從來不」的有害想法到「合理而實際的」想法

「總是或從來不」的有害想法	合理而切合實際的用詞（字眼）
總是	有時候、有時、慣於
從來不	偶爾
一直、始終	有些場合、常常
一點也沒有	不是那樣、目前、有些事情
每件事	這件事，或這兩件事

既然了解「瑞秋有時真的很感激我為她所做的一切」而非總是不知感恩，朱莉現在比較能夠以較為客觀的態度詮釋彼此間的相處狀況了。現在她可以冷靜評估，然後，以恰當的觀點來看待瑞秋的行為。例如瑞秋抱怨的時候，朱莉就告訴自己：「少女時期本來就有一大堆令人困擾的事，她不是有意要讓我痛苦的，像上個星期她就對我很貼心。」朱莉有時候難免還是會陷入「總是或從來不」的陷阱，但就算誤陷有害的想法，她還是會運用另類想法將那些有害的想法擺脫掉。

用另類想法代替指稱孩子「總是或從來不」的有害想法

請看表6.1（左邊第一欄）所使用的字眼和用詞，明顯地帶著「總是或從來不」的有害想法的危險信號。如果你能用較合理與合乎實際狀況的字眼，來代替那些有害的字眼，那麼偏激的想法就會消失。

事實上，我輔導過的家長曾表示，當他們對孩子改用較合理與實際的字眼之後，一切的改變顯得很戲劇化並且很正面，令他們驚訝不已。原來只要打破使用僵化字眼的習慣，那些有害的想法幾乎隨之消除。表6.2顯示的是以根據實際狀況而產生的另類想法，取代「總是或從來不」的有害想法。

表6.2 根據孩子的實際狀況而產生的另類想法，取代「總是或來不」的有害想法

有害想法	與有害想法相反的證據	另類想法
「他從來不聽我的話。」	「他其實也沒有一直都不聽話，像前幾天，我要他把玩具收拾好，他就乖乖照做了。」	「只因為他並沒有照我希望的我說什麼他就做什麼，並不是說他犯了什麼錯。他是個好孩子，會主動照顧妹妹，這是很難得的。」

有害想法	與有害想法相反的證據	另類想法
「他總是喜怒無常。」	「上星期，他一直表演繞口令，讓我和我的朋友笑到個不行。」	「偶爾他會突然發脾氣，這應該是個提醒我的信號，他可能在學校裡受氣而感到挫敗。我會請他注意自己的脾氣，不要困在不好的情緒裡。」
「他說的話，沒一句是真的。」	「他很老實，不太會騙我。反而是他老實說出真相之後，我對他大小聲。」	「他撒謊，是因為他害怕說實話反而會被罵。我要努力讓他知道說真話才是正確的。當然我也要注意問話時，要用平和、不激烈的口氣詢問。」

但是，我孩子的行為真的很難應付

也許整個狀態會讓你認為，你所面臨的情況是一個例外。當然，許多家長都會質疑這一點，他們會說：「但是，他真的總是這樣。」，或「她從來不那樣。」

面對這些父母的質疑，我的回應是請他們去回想孩子剛出生的時。我問他們當孩子剛出生時，她的行為是否令他們感到苦惱，通常這些家長都會回答當時的孩子並不會讓他們苦惱，甚至大多數的家長都還記得孩子剛出生時帶來了多麼可貴的歡樂時光和燦爛的微笑。可見，大多數的父母在說「總是」怎麼樣時，其實都是加油添醋過的。即使父母遇到的是極為罕見的情況，從孩子出生第一天就遇到大問題，但也不表示不是完全只有痛苦的經驗。

總而言之，當你對抗你的有害想法時，你就能改變你的想法，讓你的想法變得更好、更健康。你會發現用另類想法來詮釋實況，並收集到與有害想法正好相反的證據時，你自然會受到鼓舞，進而發掘孩子良好的人格特質，而不再只看到負面的行為。如果退一步思考，並以更實際的方式來看待孩子，就更能接受孩子那些容易令人生氣的習性。你可能認為：「這不是什麼大的問題。」根本無須理會。

但是，孩子的某些問題的確一直困擾著我

你可能想進一步追蹤深深困擾你的孩子問題。那麼，找一位兒童心理學家評估孩子始終無法專心學習的問題，也許會有所幫助。不過，即使敦請專業人士進行學習評估，要孩子乖乖完成指定作業可能還是困難重重。我之前的著作《10天內，

孩子不再是小霸王》，曾經提供家長一項頗能發揮作用的十天計劃。這項十天計劃對各年齡層的孩子都很管用，可以克服他們注意力不集中的問題。我在這本書的最後，也特別附上可供家長參考的閱讀書單與諮詢資料。我很確定的指出，如果你孩子的學業問題和其他問題一直困擾著你，那麼，你要知道你只是平凡的人。

消除你的有害想法這件事，並不表示從此之後孩子不會再有任何問題來困擾你。這種想法非常不合實際。明白的說，以另類想法來阻止你的有害想法，會幫助你觸及問題的真實面，讓你用更具支持的和更公平的方式去處理孩子的真正問題。當自我壓力減輕、更用心留意孩子的狀況，以及採用另類想法，三種幾巧結合在一起時，你將會更快樂，與孩子的關係也會更和諧。你將能更清楚地觀察孩子，同時，也可以用比較不帶偏見的眼光來看待問題，也更能掌握解決問題的方法。

當你採取留意策略時，你就能捕捉到有害想法，並停止那些有害想法。最重要的是，你不會老想著有害想法，而是以更有建設性的態度來表達自己的想法。正如朱莉告訴我的：「是的。我還是覺得瑞秋很誇張，也很自私自利。但現在我不會這麼對她說：『你總是很誇張，很自私自利。』，反之，我會說：『如果你能用和善一點的方式跟我說話，我知道你可以那樣說話，那麼我真的會很感激你。』。這種做法真的很管用，即使當下她選擇不回應或只是瞪著眼睛看我，我還是會讓她知道我不是用一種具有破壞性的有害想法關切她。當我的情緒不受孩子的回應方式影響時，我們的親子關係也就會更和諧。通常這麼一來，她的態度會軟化，我們也能坦誠地討論問題。隨時留意她的狀況，讓我了解她並沒有無視於我為她所做的事。畢竟她只是個十來歲的少女。」

第二種：不要貼標籤

我在第三章曾討論過懶惰的藍尼與粗心大意、不負責的珍。雖然他們被貼上的標籤不同，但是，被貼上標籤對他們造成的影響是相同的，他們感到憤怒。

第三章曾提到，對父母而言，貼標籤是一種既容易又方便的處理和表達訊息的方法。為人父母，面對的是一天二十四小時，一個星期七天隨時都在「值班」的工作。所以，我知道你一定很需要可以節省時間的處理方法。然而，對孩子貼上有害的標籤，不僅會使孩子困在負面的自我認同裡，而且被貼標籤的孩子心裡面都充滿著挫折、傷害、憤怒和怨恨。他們會失去正面改變的動機。許多父母自己也很痛心小時候被貼上標貼，這個動作讓他們一直背著負面標籤的包袱。

譬如凱文，我曾輔導過他，他說小時候姊姊的朋友嘲笑他長得很醜。長大成人後，即使許多女性都覺得他很有魅力，但是，他還是對自己沒有信心，甚至在遇上約完會後沒下文的情形，他也都習慣以自己長得很醜來安撫自己。凱文在接受輔導的那段期間，就不再這麼嚴厲地批評自己。他重新給自己貼上有吸引力和有人緣的標籤。不久後，凱文便遇上他的真命天女。

如果你幫孩子貼上什麼標籤，孩子就會表現出你所貼標籤的模樣。換個不同的方式，如果你以較正面的期許來代替負面的標籤，孩子也會表現出你的期許。若要你打從心裡就打消給孩子貼上有害的標籤的念頭可能有困難，如果你真的無法克制貼標籤的念頭，那麼不妨用正面的期許來代替負面的標籤。以德納為例，她改變自己的想法，認為女兒香農之所以愛說話，是因為好奇心所致，而而只是愛吵愛鬧。要擺脫給孩子貼上不好標籤的想法，你得要先收集對孩子有利的證據，這樣才能粉碎誤貼標籤的作法。你必須對自己很誠實，承認你所說過的話。譬如，也許你只是在心裡想想，或是史隨口說說而已，但是對孩子說：「你很懶惰」或「你很粗心大意」，不管是想或是說都會傷害到孩子。當孩子聽到父母對他們說：「你很懶」或「你很粗心大意」，他通常會直接解讀為父母認為他們是「沒有出息的人」。如果你不相信這個說法，那麼，請逐一自我嘗試以下的指導原則。

重新檢視你過去被貼上的標籤

想想看，當你小的時候，被貼上哪些負面標籤？貼標籤的人可能是你的父母、你的老師、你的親戚、你的教練或是其他人。他們對你貼了哪些標籤？你被貼上標籤之後，出現了什麼困擾？你對標籤的反應如何？被貼上標籤後，對你的自尊造成什麼影響？被貼上標籤後，你心裡受到的傷害延續了多久？

我非常質疑藍尼父親的作法，我請他從全面性地觀察孩子的問題，也要求他注意那些對藍尼有利的證據，以證明自己給藍尼貼上的懶惰標籤是不對的作法。後來，他終於知道藍尼是個空手道黑帶的高手，還兼差打工，其實藍尼是個很上進的孩子，只是他的學業成績不如課外活動一樣出色而已。

此外，讓我們再來瞧瞧珍的父母的問題，尤其是珍的父親，他總以為珍很粗心大意。珍的父母在區別珍能做的事情與不能做的事情方面，問題很大。很多父母普遍地都有這種毛病，尤其是家中有過動兒和學習障礙孩子的父母更是如此。但是，看到懷孕後的珍能夠妥善照顧新生兒，終於讓珍的父母對她有另一番的評價。

接下來再看看其還有哪些他標籤，以及孩子對這些標籤的感受。參看圖表6.3。

表6.3 標籤及隱藏的真意

標籤內容	你的真意
「你很懶。」	「我不認為你會成功。」 「你自己都沒有上進心。」 「我不認同你處理事情的方式。」
「你跟隻豬沒兩樣。」	「你很髒。」 「不管是你自己或你周遭的一切都沒有什麼好自豪的。」
「你真自私。」	「你只關心自己。」 「你一點也不在乎別人的需要。」
「你真粗心大意。」	「你不知道如何把事情做得完美。」 「你做事敷衍，從不計畫周詳之後再做。」

標籤內容	你的真意
「你是個愛哭鬼。」	「你太感情用事，卻又願意承認。」 「你沒有能力處理棘手的事情。」 「你感情用事沒有用。」
「你好敏感。」	「你不了解別人的感受。」 「你真的很不懂事。」

我常看到父母給孩子貼上負面的標籤，即使這些父母小時候自己也曾經面對同樣的情形。譬如珍的父親拉爾夫小時候也有過動的傾向，他的組織能力和整理能力很差。後來，拉爾夫也向我承認，看到珍的組織和整理能力也很糟糕時，他的心情頗為難受，因為他覺得女兒遺傳了他的不良基因。可是，當拉爾夫看到女兒很負責任地處理自己懷孕後大小事時，他也了解到自己的女兒其實一點也不粗心草率。

我也曾跟一些父母提到給孩子貼負面標籤的問題，如表6.4所示。我曾利用這張圖表幫助那些接受輔導的父母，協助他們將負面標籤轉變為積極而正面的標籤。因此，請你一定要注意自己對孩子的想法，以及你對孩子的表達方式。同時，也請注意在這張圖表之後隨附的練習作業。

表6.4 將負面的標籤轉變為積極而正面的標籤

負面標籤	積極正面的標籤
辦不到	很有挑戰性
不成熟	還在成長之中
小鬼	較無法應付周遭情況
沒有耐心	等待時很容易有挫折感
喜怒無常	情緒強烈，無法適當表達憤怒的情緒
害羞	審慎
好管閒事	好奇心重
欺騙	畏於說真話
工於算計	深思熟慮

負面標籤	積極正面的標籤
孤僻頑固	小心翼翼
愛出風頭	滿腔熱情
性格難搞	特立獨行
固執	有決心
自私	重視自己
防心甚重	會自我保護
不知上進	悠閒
喜歡支使別人	有自信
被動	善於接納
瘋狂	遭受挫折和困惑

練習三：你的想法用正面想法取代負面想法

練習：你還記得這句話嗎？「你給孩子貼上什麼樣的標籤，孩子會有什麼樣的表現」。現在你有機會破除傷害孩子自尊心的標籤。請對照表6.4，試著找出你幫孩子貼上的負面標籤。請利用下方的空白處，試著將你給孩子的負面標籤寫在第一行，然後，再將你對孩子較為正面的標籤寫在第二行，同時也列舉有利於孩子的證據，亦即可證明孩子並不像你所貼的標籤的情況。請先參考「喜怒無常」的例子，再按照該範例所示，自行練習。

◎負面標籤與貼上這個負面標籤所隱含的想法：

◎負面標籤：「喜怒無常」，所隱含的想法：「她很難溝通，容易情緒化。」

◎正面標籤的另類想法與這個正面標籤所隱含的想法：

◎正面標籤「強烈情緒」，所隱含的想法：「她很不好溝通，但是很會照顧人，也很親切。只因為她生氣了，就給她貼上喜怒無常的標籤，這樣並不公平。」

◎負面標籤與貼上這個負面標籤所隱含的想法：

◎正面標籤的另類想法與這個正面標籤所隱含的想法：

◎負面標籤與貼上這個負面標籤所隱含的想法：

◎正面標籤的另類想法與這個正面標籤所隱含的想法：

◎負面標籤與貼上這個負面標籤所隱含的想法：

◎正面標籤的另類想法與這個正面標籤所隱含的想法：

請你記住，給孩子貼上負面的標籤，正是「總是或從來不」的有害想法的衍生。因為採取「總是或從來不」的有害想法，可以說服父母認為他們孩子的自我認同是完全負面的。

給孩子貼上負面的標籤並不是一種健康的激勵之道

少數的父母會對給孩子貼上負面標籤一事感到很自豪，他們認為這是一種激勵孩子的良方。我曾經輔導過一些父母，他們記得自己在小時候也曾經被貼上「沒希望的傢伙」或是「以後沒前途」等標籤，這些被貼標籤的人當年也許曾發誓一定要變成跟標籤完全不一樣的人，可悲的是，結果往往必須以破裂的親子關係為代價。正如強尼．凱許的歌──《一個叫做蘇的男孩》，歌曲中的男孩被從小遺棄他的父親取了一個女性的名字──蘇。他的父親原本期許自己的孩子會因為女性化的名字而變得堅強、獨立。這個女性化的名字當然令男孩遭受到很多波折，但也養成他堅強的意志。後來，蘇長大了，找到這位糊塗父親，兩人吵了一架，又大打出手，雖然最後父子倆言歸於好，也奇蹟似的克服多年的敵意與失和，不過，蘇還是打定主意：「將來如果我有兒子，隨便取個比爾、喬治之類的什麼名字都好，就是絕對不要給孩子取個像蘇一樣女性化的名字。」。相信我，同樣是要激勵孩子，用愛心和支持的態度，絕對遠勝於羞辱的方式。

你可以消除那些負面的標籤，只要你找出對孩子有利的證據，並轉換成另類想法，就可以打從心中消除給孩子貼上的負面標籤。而且，當你發現正面的標籤越來越多時，你就越能找到正面的證據來支持它們。一旦負面的標籤都消除了，你就能覺察到孩子健康的、適當的行為，而你的孩子也會繼續保持良好的行為。

第三種：刻薄的諷刺

我有一位年僅十三歲的輔導對象，他的父母經常出言諷刺他的體育成績，他們認為他根本就沒有任何表現。我問這個孩子，父母的態度對他有何影響。他說：「他們每次這樣講，我就會很生氣，所以拿籃球時只會氣得亂丟。」

從詞語的定義來說，諷刺就是尖酸刻薄的意思。偶爾為之的輕微諷刺可能不會造成傷害，但若經常諷刺孩子，則很可能使孩子失去努力向上的動機。我也曾經很愚蠢的諷刺自己的孩子，後果很慘，幸好我後來學會了約束自己，不再出言諷刺。

十五歲的喬頓是個過動兒，他的父母常連諷帶刺地責備孩子習慣性的違逆行為。喬頓是個很有自信的孩子，儘管課業成績不理想，但他卻老愛說以後自己一定會變成一個「穿著考究的大亨」。有一天，他的父親生氣地譏諷道：「喬頓，虧你說得出口，你怎麼會以為自己終有一天會當老闆，到時候搞不好你連垃圾都沒得收，你怎麼照顧別人呢？」

聽到父親這麼辛辣的諷刺，喬頓便離家出走，直到第二天早上才回家，離家出走當晚，他就在附近的樹林過夜。這已經是十四年前的往事，喬頓現在已經是一家大型會計事務所的老闆。

當年，喬頓的父母接受我的輔導之後，開始慢慢改變原來的想法，並以更具正面力量的另類想法取而代之，不再出言容易傷人的諷刺語言。包括：

- 就算喬頓出言不遜，也不表示做父母的人就得大聲地怒罵回去。
- 當我們有出言諷刺的衝動時，那是一種訊號，警示我們要更有耐心，要更用心去了解孩子。
- 喬頓不會一直這樣，當他這麼努力奮鬥的時候，我們不應該嘲笑他。
- 大人出言諷刺孩子的當下可能感覺很爽快，卻會造成親子關係失和的窘境。

表6.5顯示幾個如何破除諷刺的例子。那些另類想法會讓你對孩子更具有同理心、更願意支持孩子，而不會掉入挑剔孩子或失望的陷阱。

表6.5 針對諷刺言語的另類想法

諷刺的有害想法	對孩子有利的證據	另類想法
「是啊，你是在做作業。可是如果作業要用電話來做的話，你的成績一定很糟。」	「他是個能一心多用的孩子。取笑他的學習方式，只會讓事情變得更糟糕。」	「我可以覺得很挫敗，因為他不把聰明用在學業上。不過，只要好好跟他講，他還是會聽話的。」
「你穿得這麼邋遢，是為了要讓男生尊重你，是這樣嗎？」	「並不是只有她這樣穿。」	「我知道她正在試著建立自己的風格。就跟其他少女一樣，面對濃妝豔抹的同儕的，她也會在意自己的穿著打扮」
「沒有人忍受得了你的態度，以後誰嫁給你誰倒楣。」	「幾星期前，他曾跟我承認，他之所以這樣囂張，其實只是因為他很害怕。一想到他曾受過的傷害，我就很心痛。」	「他對自己的愛好真的非狂熱，而且很保護。其實我只要不多加批評，一切都會風平浪靜。」

請記住，即使不是從嘴裡說出，我們的身體語言也可能會激怒人、諷刺人。所以，與孩子溝通時，也要注意你的肢體語言，是否有對孩子瞪眼、發出嘆息聲、臉帶嘲弄等表現，或說話的口氣，都會產生非常重要的影響。如果你掉入經常諷刺孩子的陷阱，就要自己奮力爬出來。就像有害的貼標籤作法一樣，容易傷人的諷刺也會對孩子的自尊心造成重大的創傷。

第四種：解除疑神疑鬼

要當個關注教養問題的父母，最關鍵的工作就是信任孩子。雖然大多數的父母都很重視信任問題，也想提升對孩子的信任感，可是，有些父母卻掉入對孩子疑神疑鬼的狀態，從而削弱了對孩子的信任感。這些疑心重的父母誤以為讓孩子羞愧難安就是激勵他們學習的最好方法。但問題是，疑心重的父母即使雇用福爾摩斯來偵測孩子的心靈，他們的疑心病還是會讓孩子的心中充滿秘密。

父母的焦慮加上對孩子的不信任，造成父母對孩子的疑慮越積越深，以致疑神疑鬼。有時候，父母多少會懷疑孩子背子自己搞鬼，這是很正常的事，但過度懷疑就不好了。以下將會告訴你一些策略，可幫助你解除疑神疑鬼的心態。不過，如果你發現腦海裡老想著孩子是否可以信任，以致無暇注意到其他或甚至失眠時，請盡早向專業心理醫師尋求諮商。也請記住：即使最擔心的事情真的發生了，譬如孩子吸毒、性行為開放，或成績不及格等，希望永遠不消失。

生命是延續不斷的，所以，一切都能撐得過去。不管孩子遭遇了什麼困難，只要支持他、了解他，未來他會報以更坦誠的態度。身為父母，最重要的是，繼續維持介入的態度，你就是這樣的父母，否則你也不會閱讀本書。當你越努力去了解和支持你的孩子，孩子對你也會越來越誠實。

疑心重的父母很容易焦慮，他們必須相信自己能控制自己。父母疑神疑鬼的態度會形成一種惡性循環：亦即當父母對孩子的所作所為越來越焦慮時，他們對孩子的信任感就越來越薄弱。因為父母的疑心病太重，對孩子的信任也會跟著耗盡。

儘管八歲的安德烈並不是家裡最乖巧的孩子、儘管安德烈的父親傑克認為是他打破擺客廳裡的相框，但安德烈真的沒有打破相框。不管安德烈如何辯解，傑克還是疑神疑鬼認為是安德烈闖的禍。傑克不知道那個相框是被外面刮進來的強風掃落地面才破碎的，而且他的妻子也忘了告訴他這件事。後來，傑克才知道真的是自己妄下斷語誤會安德烈，並發誓從此以後對孩子要儘量少疑神疑鬼。但令人難過的是，父母的疑神疑鬼會親子關係秒成嚴重破壞。

請看另一個例子。艾倫在十六歲的兒子提姆的車子裡發現一只打火機，他懷疑提姆有抽煙的不良習慣。事實上，那只打火機是提姆的朋友史提夫的，搭便車時不小心從口袋掉出來遺留在車子裡的。所以，當提姆的父親艾倫誤以為提姆沾上了不良的抽煙習慣並大聲責問時，情況變得很尷尬，連提姆自己都不知道有打火機掉在他的車子裡，他完全無法為自己辯駁。幸運的是，之後艾倫了解真相，並立即為了自己錯誤的荒謬推論向孩子道歉，結束一場親子衝突的鬧劇。

最容易造成悲劇的是，疑心重的父母可能會把對孩子的懷疑猜測視以為真。父母對孩子的不信任，只會令自己越無法相信孩子。當父母覺得孩子在逃避，他們就越容易對孩子起疑。而父母的焦慮也會讓他們對孩子妄下斷語、判斷錯誤。

父母與孩子保持密切關係的最佳工具，就是維持健康而開放的溝通管道。當孩子越接近青少年時期時，就越是想逃避父母。正值青少年時期的孩子內心充滿衝突的情緒，一方面想取悅父母，一方面又想與同儕一起，此時，若以疑神疑鬼的態度對待孩子勢必會引起反效果。克服疑神疑鬼的最大關鍵，就是找出對孩子有利的證據。越是無法信任孩子的父母，就越會受到那些錯誤的、扭曲的和充滿責備的想法所影響。真相就是所有焦慮的、不合理想法的解藥。

以下都是焦慮的、不合理的想法：「她就是這樣，只會調皮搗蛋。」、「我根本無法信任他。」，或是「恐怕我是無法知道真相了。」不過，通常只要你能察覺真相，並提醒自己，你就能破除那些焦慮的、不合理的想法。瓊懷疑女兒可能跟朋友一起吸毒，因為她常沒接電話。後來，瓊反省自己的有害想法，了解一些事實：

- 葛洛麗亞早就誠實坦承，確實有些朋友想引誘她吸毒。
- 葛洛麗亞跟我發過誓，她絕對不會跟喝醉酒或吸毒的人一起待在車子裡。
- 為了與葛洛麗亞建立信任感，過度的懷疑是會造成反效果的。
- 當我把焦點放在與葛洛麗亞保持信任感，我們彼此的信任感就越來越增進。

疑神疑鬼的惡性循環會變本加厲，你的疑心病會讓孩子也對你開始產生懷疑。他可能會想：「你是個神經病，你一定有偷偷翻過我的房間！你說你相信我，我才不信哩。」這樣的狀況會層出不窮，不管是為了維護親子關係或是其他任何關係，誠實絕對是上策。我建議你要盡己所能地消除疑神疑鬼的念頭，然後，誠實告訴孩子是那些懷疑的念頭在作怪。但是，千萬要避免指責的口氣！如果你能以正面而誠實的方法來處理，那麼，你就會有很大的機會獲得孩子的正面回應。

當瓊消除疑神疑鬼的有害想法後，她便開誠佈公地跟葛洛麗亞透露她的困境：「我真的很愛你，我希望彼此能夠開誠佈公。我很擔心妳那一群新朋友對你的影響。我不是說你對我不夠誠實，只是有時候我就是會很擔心，滿腦子都想著你是否平安。你可以先不要生氣，先聽聽我的說法，並接納我的想法。能不能都各讓一步，讓我知道你很平安，而我則會支持你保有自己的隱私與獨立？」我從沒有看過哪個孩子或青少年排斥父母以這麼開誠佈公和接納的方式來對待他們。不斷地將疑神疑鬼的有害想法排除之後，解決親子關係的方法便跟著浮現。記住，良好的教養工作，就是保持冷靜的態度，把問題解決。請參閱下表，在此將提出更多可以消除疑神疑鬼的良方。

表6.6 消除疑神疑鬼的方法

有害想法	對孩子有利的證據	另類想法
「我只要一不在，你就不管弟弟的死活。」	「平常你都很負責地照顧弟弟。」	「最好的作法，縮短讓他照顧弟弟的時間，這樣我就不會質疑他到底有沒有做到哥哥的責任。而且，我也要讚美他對弟弟很好、很照顧弟弟。」

有害想法	對孩子有利的證據	另類想法
「最近，他都睡到很晚，肯定有在吸毒。」	「起得晚是因為他熬夜做功課，而且，他一直都有季節過敏的問題。」	「也許是功課壓力太大，讓他心情不好、有挫折感。我要多傾聽，少訓話。」
「她騙我說沒有功課，我以後再也不相信她了。」	「她雖然騙我沒有功課，但並不表示她不關心自己的前途，只不過現在陷入困境罷了。」	「我會提醒自己，學業問題其實不是突發的，已經存在一段時間了。如果可以，我希望校方能安排心理輔導人員幫她做個測試，協助她發掘她心中的問題。」

我並不要求父母保持盲目地天真。正如你將看到的，當我們討論「有害的否定」時，這並不是問題的答案。孩子（包括十幾歲的青少年）可能會欺騙父母，我輔導過很多孩子，他們私下告訴我許多他們是如何欺騙過父母的秘密。我對這些孩

子運用各種方法騙過他們的父母，感到嘖嘖稱奇。正如在前文中提到過的，我知道這些孩子會把吸毒工具秘密地藏在樓層間的出風口或天花板上，或利用夜間偷偷開車出遊，或偷錢，或隨便發生性行為，以及其他各是各樣的脫軌行為。父母對孩子的疑神疑鬼，只會增強孩子的欺騙行為。不要讓疑神疑鬼的態度造成傷害的最好方法，就是建立親子間的信任感。然而，建立信任感需要很長的時間，不過，花費時間建立信任感遠比一直對孩子抱持著懷疑心態或窮盡心思控制孩子來得好。

第五種：找出有害的否定

有害的否定父母頑固地拒絕承認事實。換言之，孩子的過錯都是別人引起的，並不是孩子自己造成的。與另外八種有害的想法並不同。其他八種有害的想法，都是指父母對於孩子存著嚴厲的、批判的想法，而有害的否定與對孩子存著疑神疑鬼的想法正好完全相反。抱著有害否定的想法的父母常常會避免為孩子所發生的問題承擔他們的責任。這些父母也不會幫助孩子尋找解決問題的方法，而是固執地為孩子的問題尋找各種藉口。

那些拒絕承認孩子有問題的父母，其實很擔心自己不夠完美。我聽過很多這類型的父母陳述他們的傷心故事。很多情況都會迫使這類型的父母去正視孩子的偏差問題，譬如，孩子偷CD片被人逮個正著，這類父母就無法繼續維持一貫的「否定」態度了；或孩子考試作弊被當場發現，他們也沒辦法繼續「否定」孩子確實出現偏差的事實；還有遇到孩子傷害、欺侮別人或做了其他魯莽的行為，他們也無法繼續「否定」。此外，最極端的例子就是做父母的人在深夜接到令人驚恐的電話，電話另一端傳來的是孩子發生了意外、受重傷或當場命喪黃泉的消息。

我從事臨床輔導工作以來，也曾遇上一件非常極端的案例。我的輔導對象是個十六歲的男孩，他的父母不讓他晚上開車外出，讓他非常生氣，差點開車撞倒他的父母。幸運的，並沒有任何人受傷。就在我與這個男孩及他的父母坐在一起，想理出問題的頭緒時，這個男孩解釋說，多年以來他一直發出求援的訊號，可是他的父母忽略了，從未細察這些求援訊號，或嚴肅地看待孩子發出的求救訊號。

多年前，我在一所大學諮商中心工作時，也看過一件因為父母抱著有害否定的態度的遺憾案例。案主是一位很亮麗的女生，曾是小口徑手槍的奧運選手，她在校內自殺未遂，她的父母一聽到消息就立刻趕到學校照護她。在治療的期間，這位女生告訴我，她覺得自己一直沒辦法符合父母親的期待。聽到我的轉達，她的父親聲稱他明白女兒內心的痛苦。治療結束之際，她的父親突然跟她說：「如果你夠冷靜沉著，你就能屹立不搖。」

這些抱著有害否定想法的父母通常也會與現實脫節，至少會有部分的脫節。這類父母也很容易相信他們的孩子沒有問題，或以為孩子的問題是老師、學校、同儕或教練造成的。歸根究柢，一切的錯誤都是別人造成的，你的孩子沒有任何責任需要為別人的錯誤負責，當然，做為父母的你自然也沒有任何過錯或責任。問題是，終其孩子的一生，不可能每個問題都是別人造成的。

面對孩子的問題，如果你忽略了自己或孩子所必須承擔的責任時，也許你會自我感覺良好，或理所當然地無視於錯誤的存在。不過，這種作法通常只會讓孩子的問題更加惡化。一位十七歲的輔導對象就很有智慧地表示：「媽媽總是這樣告訴我，我比別的孩子聰明，媽媽這麼說讓我以為可以不必像別人那樣用功沒關係。我得到錯誤的安全感，我真的以為自己比別人更聰明。像今年，我的數學不及格，我不怪媽媽，但是，她一直不肯承認我有學習問題的想法，對我真的沒有好處。」

詹妮是九歲的莉茲的母親，她一直在否定女兒莉茲與繼父馬蒂之間確實有相處上的障礙。馬蒂是詹妮的第二任先生，他喜歡用懲罰的方式來教養小孩，他覺得以前他就是這樣管教孩子的，很有效果。詹妮則認為莉茲實在過度敏感，不應該讓馬蒂對她有那麼大的影響。當莉茲開始出現飲食失調的初期徵兆時，我直接道明，莉茲的問題可能與繼父的關係不睦有關。我認為莉茲可能覺得在家裡是孤獨的，於是，引發飲食失調的問題。

在諮商過程中，詹妮才想到與有害的否定的一些相關問題：

- 莉茲有權利表現她對繼父馬蒂的感覺。
- 莉茲需要母親的支持，她確實是個性格較為敏感的孩子，很多時候，其實莉茲也很明白的說出她的需要。
- 對任何孩子來說，接納繼父母真的是一件充滿挑戰性的工作。
- 即使莉茲與馬蒂之間有許多困難尚待解決，但也不能否認馬蒂在繼父和丈夫的角色上的付出。

數年來，我看過許多父母在獲知自己的孩子有問題時，就像駝鳥埋沙一樣頑固地拒絕承認事實，而越是否定事實，他們越是感到挫折。不過，當你讀完本章節，你應該會躍躍欲試地想要消除那些有害的否定。下表所提出的另類思考方式，將讓你可以更清楚了解你的孩子。

表6.7 針對拒絕承認事實的另類思考方式

有害想法	對孩子有利的證據	另類想法
「他的老師盯他盯的很緊，學業成績打得很嚴格。」	「他的老師知道跟上個學期相比，他有明顯的進步。只是因為他的實力還沒完全發揮，所以成績還不會有明顯的變化。」	「好消息是，他的老師已經跟我聯繫過，並告訴我他們有在關切孩子的問題。老師的關切，讓我對自己的孩子更加注意。」
「要不是那群新朋友的壞影響，她根本不可能會抽煙、喝酒。」	「我的女兒不是天使。去年我就逮到她偷抽煙，那個時候，她還沒認識那個女孩子呢。」	「她有這些問題，並不表示我們是糟糕的父母。事實上，我們是很好的父母，有注意到女兒的求救訊號。」
「她才不會像鄰居講的那樣到處碎嘴、散播不實謠言。」	「我想起來了，她真的很喜歡三姑六婆、說三道四的，甚至在我面前也一樣。」	「我們會處理她愛說三道四的壞毛病。直接攤開來談、處理，總比不理不睬，讓她繼續惡習來得好。」

你可能會懷疑：「嗨，傑佛瑞博士，當老師對待我的孩子不公平，或沒有為我的孩子安排特別的教育計劃時，我該怎麼辦？」，或問道：「當教練對其他孩子特別好時，我又該怎麼辦呢？」，或是：「孩子的朋友如果對他有不好的影響，該怎麼辦呢？」

的確，這些都是需要考慮而且都是很重要的問題。毫無疑問的，遭遇這些問題時，你一定要保護孩子，為他辯護。但是，為了孩子好而提供適當的干預，與一味的扭曲和否定是不同的。我們都知道盲目戀愛的後果，可能招來痛苦和失望。如果你對自己深愛的孩子也是這樣盲目對待的話，你也會面臨同樣的不幸結果。

巴特和詹姆士是一對孿生兄弟。這兩個男孩都很有禮貌，對我也很尊敬。但因為父母失和離婚的影響，他們的心情也很難受。面對父母離異這種令人難過的情況，許多孩子都會失去防衛線，這兩位孿生兄弟也不例外。可悲的是，巴特和詹姆士犯了很嚴重的過錯，他們販售處方藥物和逃學。

孿生兄弟的父親道格是個成功的業務員，一向都很自豪自己是個「酷爸」，基於某種原因，道格很著迷於討別人的喜歡。但即使事業很成功，道格在遇上巴特和詹姆士這對孿生兄弟的問題時，就採取極力否定的想法和一味逃避的態度。所以，道格一開始就把問題推給學校少年犯辦公室來掩護巴特和詹姆士。可惜的是，道格一味否定孩子有錯的作法，反而讓情況更惡化，孩子也哭著向外求援。後來，道格終於了解到自己一味否定的想法是錯的。幸好的是，學校管教得法，加之法庭判以緩刑，安排孿生兄弟從事社區服務，協助巴特和詹姆士了解自己應負的責任，讓這對兄弟有機會重新面對人生。

有些父母之所以頑固地否定孩子犯錯的可能性，也許是因為他們打從心底以為些他們的孩子是有做那些事的權利，這類的父母自然無法容忍「我的孩子並不完美」的事實。這些認定自己的孩子不會出錯的父母可能負荷過於沉重，也就忽略了孩子的負面行為。譬如十四歲的奧斯丁，他因為販賣禁藥而被學校勒令退學，他的母親佩蒂卻拒絕相信奧斯丁會做這種事，反而怪罪學校的無能。不足為奇的是，佩蒂也試著說服我，她兒子兩度錯過跟我諮商的時間，也是我的錯。

有些父母在拒絕承認孩子的行為有錯時，可能運用操縱和微妙的方法。這種父母通常會先向對方道歉，緊接著話鋒一轉，脫口說出「但是」，接著是一連串全是指責別人不是的言語。我曾輔導過一對家庭成員複雜的父母，那是個非常極端的操縱行為的案例。這個家庭的先生首先向他的妻子道歉，因為他和前妻所生的十五歲男孩性騷擾現任妻子和前夫的十一歲女孩。可是，這個先生又緊接著暗示，是現任妻子的女兒引誘他的兒子去騷擾她。由於這位先生固執地否認自己的孩子有錯，因此，他們的婚姻關係破裂，甚至為此告上法庭。這個案例確實很嚴重，也顯示父母固執地否定孩子沒有錯的作法，很可能引起更惡化的後果和傷害。

當父母拒絕承認孩子有錯時，等於變相幫助孩子逃避了應有的行為責任與應受的處罰，也剝奪了孩子學習為自己行為負責的機會，同時，也阻礙了他們學習處事技巧與解決問題的機會。我在第八章將會更進一步討論如何處罰孩子的問題。不過，在這之前，第七章裡將先探討如何消除「突然爆發的有害想法」。

結語

只要採取有效的另類想法，「逐漸發作的有害想法」很快就能被消弭，請記住以下的要點：

- 採取另類想法，是消除「逐漸發作的有害想法」最有力量的工具。
- 當你越能傾聽「逐漸發作的有害想法」時，你就越能確認這些有害的想法。
- 為了阻止「逐漸發作的有害想法」向外擴散和深化，你一定要積極地處理。
- 把焦點放在發掘對孩子有利的證據以消除有害想法，可以幫助你與孩子維持更正面的關係。

第7天

消滅「突然爆發的」有害想法

在這一章中，我將告訴你如何消除突然爆發的有害想法。這些有害的想法很容易在生出的當下爆發出來，而另類的思考則是突然發作的有害想法的解藥。請記住，第四章中所提到的解除壓力的各項練習和訣竅，以及第五章提到的對有害想法要保持留意警覺的策略，都有助於消除突然爆發的有害想法。以下所討論的是關於其他四種突然爆發的有害想法的另類思考方式。

第一種：冷卻過度的情緒化

我在第三章曾討論過塔米，她是個很情緒化的人。塔米為了照顧年邁多病的父親已經累得疲憊不堪，還得擔心被裁員，並負起教養脾氣不好的十五歲女兒艾美的責任。我們討論過塔米被女兒艾美用眼影膏意外地打中臉部而抓狂的事情。其實，如果塔米能運用良好的另類思考方式去處理艾美的問題，就能有效冷卻她過於情緒化的想法。

過度情緒化可能會對親子關係造成深刻的創傷，對孩子的情緒穩定造成扭曲。有些父母會懷疑：「他是不是真的有問題？」或「她的問題真的有嚴重到連我都沒辦法處理嗎？」做父母的人如果過度情緒化，對孩子來說，也是一種爆炸性的反應。過度情緒化的父母會因為孩子的種種需求，而備感壓力、不知所措。過度情緒化的父母也會因為自己內心亂成一團而內疚不已，並自我質疑是否能勝任親職。由於情緒實在太脆弱了，所以，這類父母也很容易受到其他的有害想法的影響。最常出現的是掉入「總是或從來不」的陷阱與給孩子貼標籤的毛病。

許多過度情緒化的父母內心充滿羞愧感，他們認為表達情緒是一種軟弱的表現。不過是，一旦他們察覺到自己的軟弱，他們也會感到無助和無能為力，那會導致憤怒的大爆發。

過度情緒化的人內心也是充滿衝突的，他們一方面想任由孩子犯下過錯，另一方面又想保護孩子免受失望之苦。可惜的是，當他們任由情緒過度反應時，在情緒激動下的言語，反而常常讓孩子覺得受傷或遭到貶損。

我也曾經看到有些父母因為過度情緒化，反以沉默不語的態度來對待孩子。這些父母有意或無意地認為，對孩子採取不理不睬的態度，可以給予孩子一些教訓。這種策略顯然是一種消極性的強勢做法，而且相當地不成熟。這種方式不僅會傷害孩子，也沒有任何建設性。正如這些父母內心充滿著強烈的情緒，他們很難直接地表達自己的情緒，所以，他們的情緒（通常是生氣與隱藏內心的傷害和失望）都是以較為間接的方式呈現，譬如，沉默以對或關閉溝通管道等。

一旦過度情緒化，無能為力的感覺便會整個湧上來。這種情形很常見，就像前文提到的塔米的例子，當塔米的反應過於情緒化時，她的女兒艾美根本無法理解母親的想法，反而只會加深艾美的挫折感，進而削弱她的安全感。就像塔米一樣，那些過度情緒化的父母所使用的關鍵字眼就是「不可能」。從各方面來看，其想法就是：「我無法處理她的事情。」，或是「我沒辦法應付這種事。」

我曾幫助塔米探討她的「無法處理這種事」的心態，以及這種心態如何限制了她與女兒艾美的關係。後來，塔米學會把注意放在艾美的樂於合作和富有同情心等人格特質上，她藉助這些有利的證據重建她與艾美的情感交流。塔米也學會接受自己的感受而不加以判斷，她因而能消除自己的羞愧感。由於塔米越來越能接納艾美，且越來越有耐心，所以，也使得艾美比較能接受與母親的情感交流。

塔米採用另類的思考方式幫助自己找出很多有利於艾美的證據。

- 我外出時，艾美都會幫忙照顧妹妹，幫我減輕不少生活壓力。
- 艾美也會和我一起開懷大笑，我在感到身心交疲時，重新打起精神來。
- 她對於別人的需求充滿著同理心。
- 也許我真的是精疲力竭了，但並不表示我可以將氣全部渲洩在她身上，只因為她我的大女兒。

如果你有過度情緒化的狀況，那麼就多留意為何會認為自己「無法處理這種事」的心態。請把「我無法處理這種事」的心態，轉換成「讓我試試看」，或是「勉為其難試看看」或是採取類似的另類想法，這樣將有助於處理難以應付的親子問題。在下表7.1中，我提出一些另類的想法，可幫助你避開過度情緒化，請多利用這些另類想法，讓你在處理孩子的問題時，心情可以比較平靜，也不至於太衝動。

利用表7.1所提供的另類想法的策略，可以有效地處理過度情緒化的問題。不過，如果孩子的情緒反應太超過、太頻繁了，譬如，常常突然大發脾氣，那麼，你必須考慮求助於專業的輔導人員。我也目睹過一些孩子自殘、搥打牆壁，或打破門等情緒過度反應的行為。像這類嚴重失控的情緒表現，顯示孩子的內心充滿挫折感、焦慮和其他心理問題，這種情形必須求助於專業人員的輔導。

表7.1 針對過度情緒化的另類想法

有害想法	對孩子有利的證據	另類想法
「我無法應付他突然爆發的情緒化問題。」	「只要我開始嘮叨，他就會變得很情緒化。」	「老師們都很疼他，可是他就是沒辦法一心二用。我最好不要直接挑明他的問題。」
「她太會操縱我，我實在管不了她。」	「當我跟她一樣大時，我也會操縱父母。其實我們沒有不一樣，所以我覺得還好。」	「我要很有技巧地利用一些幽默的方法來反制她。我不要反應的那麼強烈，就越不會覺得她那麼難以應付。」
「她不是我能夠應付的。」	「實際上，跟其他人相比，她還算不上是很自以為是的人。」	「只要讓她學會怎樣疏通自己的強烈情緒，就能夠幫助她在激烈的競爭裡脫穎而出。」只要這樣提醒自己，就能讓我冷靜下來，並且感覺良好。

第三章裡，曾提到克萊兒和兒子喬納森的例子。克萊兒因為兒子粗魯無禮的批評與嚴重沉迷於電腦遊戲的狀況，氣到動手拉扯孩子的頭髮。我很同情克萊兒的挫折，並盡力幫助她了解自己的所有想法，她也學會自我冷靜的策略，幫助她放緩思慮和冷靜下來。接著，她也利用一些另類思考的策略消除了有害的想法。這些方法包括：

- 喬納森今年開始上鋼琴課，他有新的目標，應該就不會繼續沉迷於電玩。
- 我不是個電玩迷，但看到他邀鄰居來家裡一起玩，似乎玩得很投入。
- 對大多數孩子來說，喜歡玩電腦遊戲只是一種過程，當我越是這樣地提醒自己時，對於孩子沉迷於電腦遊戲的反應也就不會那麼激烈了。
- 當我越為了電腦遊戲的問題跟孩子鬥智，孩子就越會藉此來反抗我。

如果對過度情緒化不加以處理，那麼，這種太情緒化的情況就會一再發生，因為那些過度情緒化的父母很少能學會適應孩子的反應。事實上，孩子的反應並不新鮮，也不像父母所感覺的那麼令人不快或惡毒。然而，過度情緒化還是會造成可悲的後果，孩子可能會對父母失去尊重，或是對父母產生害怕的心理。

一般而言，當父母無法處理自己的壓力，或對孩子抱持著負面的想法，甚至面對日常生活，都會發生過度情緒化的反應。不過，如果你明顯地發現孩子有很極端或很危險的行為，譬如在外面亂搞性關係、使用或買賣毒品、有犯罪行為等，那麼就不單純只是過度情緒化的問題。我建議如果有上述這種情形，最好立刻尋求專業人員進行諮商輔導。

我也希望，如果你有過度情緒化的毛病，請多利用另類思考的想法讓自己先冷靜下來。做父母的人越早知道怎樣發掘自己過度情緒化的狀況，並努力克服時，對孩子大聲咆哮的情形就會逐漸減少。父母過度情緒化時，不只會有長篇大論的訓誡，就像所有不受約束的有害想法出現時一樣，可能會對孩子施以體罰。

第二種：打消嚴厲責罵的作法

我在第三章裡曾提到在里根的挑釁下，弟弟傑文與她打了一架，並因此遭到母親雪倫的責罵，被嚴厲地指責是他破壞了全家享受一頓美好又寧靜的晚餐。

我完全贊成孩子要為自己的行為負起責任。但是，父母用嚴厲責罵的方式對待孩子則是另外一回事。當你說出這些字眼時，譬如「這是你的錯」，或是以「你不要」或「要是」為開頭的措詞方式，即是嚴厲責罵的危險訊號。如果你使用下列這些的用詞，顯示你其實也知道自己正在嚴厲責罵孩子，譬如：「你破壞晚餐的氣氛」，或「數學不及格，是你的錯，不是我的錯。」，或「要是你停止、不繼續下去，就沒事了。」

我曾輔導雪倫，並幫助她克服習慣嚴厲指責傑文的傾向。初時，雪倫必須很努力克制嚴厲責罵傑文的衝動，後來，她學會只要利用下列的另類想法，就可以避免對孩子嚴厲責罵。

- 我之所以對傑文這麼嚴厲，是希望他能堅強些。但這反而讓他離我們更遠。
- 里根自有其激怒傑文的理由。
- 當我越是去責罵傑文老是引起爭端的同時，我也製造越多的家庭問題。
- 有時候我真的需要更快樂一些，並記住這兩個孩子都還在成長的階段。

我曾看過不少孩子因被父母不公平的責罵。父母越是嚴厲責罵，親子越是沒辦法建立健全的親子關係。你會看到有些父母用很惡毒的方式責罵孩子，譬如：「是你讓我對你大聲咆哮。」或是「我打你，是你自找的。」

我也輔導過一件很特殊的個案，對象是一位有偏差行為的十歲女生，她的母親連丈夫羅患心臟病的問題也歸咎於這個女兒，對她嚴厲責罵。受到母親苛刻、不留情的責罵，在她心中留下難以抹滅的愧疚感。雖然這是個情況較為特殊的案例，但確實指出嚴厲責罵的作法真的是太離譜了。

父母之所以會陷入嚴厲責罵孩子的折騰裡，是因為他們只想找出「誰要為這件事負責」，而不是要找出「我們該如何處理這件事」的答案。責罵就是有意懲罰孩子，這樣做只會關閉父母與孩子的溝通管道，並錯失解決衝突的機會。

表 7.2 從責罵到合作

責罵與羞辱的惡毒措詞	合理與合乎實際的措詞
你	我們
「你把這件事搞砸了。」	「讓我們一起想想看到底是那裡出錯，一起來解決問題。」
「要是你堅持下去就好。」	「這樣不會有作用，讓我們想想看有沒有比較好的意見。」
「你什麼都不在乎。」	「我知道被困住的感覺像什麼。我感覺你也是這樣覺得。」
「是你造成這個問題，不是我。」	「罵你只是浪費時間，不如麻煩你幫幫忙，事情反而會有改善。」

從嚴厲責罵到合作的傾聽

請查閱表7.2，看看那些有助於制止嚴厲責罵的另類思考的措詞。如果你使用合作的詞彙代替責罵和羞辱的字眼，那麼，你和孩子就會相安無事。

把表7.2的另類視為指標，能保護你不掉入嚴厲責罵的陷阱。你越少責罵孩子，就越能讓孩子主動負責。有時候，也許你會失控，忘情地責罵孩子。如果真的發生了，也不必太苛責自己。要讓自己有能力克服那些有害的想法。當你改變了想法，你就能改變行為。

常有人問我：「傑佛瑞博士，如果我責罵孩子是因為孩子真的有犯錯，這難道不該嗎？」我並不是說每個孩子都是天使。你的孩子可能會忘記做某些事，或把某些事搞的亂七八糟，或是忘了某些事，或困在自己的世界，的確，孩子可能會犯下嚴重的錯誤，需要加以處罰。關於這個部分，我將在下一章針對孩子的偏差行為，提供適當的處罰方法。當你想引導孩子朝向最好的方向時，請不要讓你的情緒佔上了上風。你如何思考和如何反應，都是你的責任，而不是孩子的責任。如果你不再將焦點放在到底要責罵誰，那麼，你就能夠把注意力放在真正該解決的問題上，並且能夠針對真正的問題加以解決，這比找出罪魁禍首容易多了。

表7.3也提供了範例，協助你收集有利的證據、克服和改變嚴厲責罵的作法。

表7.3 針對嚴厲責罵的另類想法

有害想法	對孩子有利的證據	另類想法
「她拿年紀小當理由，美化自己過於急躁、情緒化的事實。」	「要度過這段艱難的時光真的很不容易，但她並未被焦慮問題及學習障礙打倒。」	「責罵只會使問題更惡化。年紀小的人肯定會看到一些不健康的行為，我希望她們知道那些行為，是不當的。」
「他完全不想為自己的學業問題負責。」	「他知道該努力了，他之前只是自己搞砸了功課。」	「當我提醒自己求學只是一個過程，我就會覺得比較輕鬆一些。何況當他的表現不符合我的期待時，我的態度可能也不是那麼的公平。」
「你這麼情緒化，搞的全家人都像被困住的人質。」	「我們彼此交換想法，好像真的有幫助。他因為好朋友的爸爸得了癌症，所以情緒難免受到衝擊。」	「我們終會克服這些問題。我會尋求專業人士的諮詢並評估是否有用。同時，我也不會再要求她要對我好一點，反之，我會試著對她好一點。」

第三種：停止動不動就說「你應該」如何

許多父母都想把自己的人生經驗全盤傳授給孩子。想當然，父母應該擁有比孩子更豐富的人生經驗，因此義不容辭要教導他們如何為人處世。歸根究柢，父母就是希望孩子不要重蹈自己的覆轍，能夠避開種種錯誤所造成的失望和傷害。

然而，父母想把自己的智慧傳授給孩子的念頭，到頭來卻往往變成對孩子強行灌輸的方式。傳授孩子信念，最簡單的方式莫過於直接告訴孩子應該做什麼或不該做什麼。但是，教導孩子時，如果使用「應該」的陳述，很可能造成孩子莫大的愧疚感。我稱這種方式叫做「你應該」的陳述。

正如我在第三章裡提到的，你可能不自覺地對孩子或周遭的人採取「你應該」的陳述方式，譬如：「他不應該那麼固執和好辯。」」，通常都會讓對方感到生氣和挫折。你用「一定」、「應當」、「必須」當開頭，也會對對方造成強大的壓力。當父母採取固執的思考方式，孩子一旦犯了錯或面對困難時內心便會自責內疚。

我們知道父母都希望自己鍾愛的孩子能獲得最好的結果。可是，這樣的希望往往會用「你應該」的方式對孩子說話。使用「你應該」的陳述，是不成熟的作法，而且，經過一段時間之後也會阻礙親子的溝通和傷害親子的關係。

回顧自己的童年時期，也許在很小的時候，你就已經察覺到不好的感受與聽到

「你應該」這個字眼大有關係。幾乎每個孩子都聽過父母跟他們說過應該做什麼或是不應該做什麼。而且，當父母使用「你應該」的陳述時，通常也暗示著孩子是壞孩子。我們都知道，當我們做了父母認為「不應該」做的事，我們就是壞孩子。而且，當我們沒有做父母認為「應該」做的事，我們還是壞孩子。

我要告訴你一個好消息，只要改變措詞和思考方式，譬如將「你應該」改成「你願意」的方式來陳述，就會大有幫助。「你應該」的陳述方式，所反應的是強求的、僵化的與不切實際的期待（尤其是當別人並不知道我們心裡所想為何時）。當你使用「你願意」取代「你應該」的陳述方式時，孩子的壓力就會跟著解除。

「你應該」的陳述方式所反映的是「一定」，而「你願意（想要）」的陳述方式所表示的則是「讓我們一起合作」的意思。稱職的父母會以合作為基礎，而不會一直對孩子下達指令。記得送孩子去念軍校的布魯斯嗎？當他察覺自己對孩子採用「應該」的陳述有問題的同時，他也了解到自己為什麼會一直這樣對兒子要求，那其實起因於他很擔心布洛克的未來。布魯斯知道他的孩子不懂他的心，也不知道他有這樣的想法——我很擔心你，希望你平安無事，請讓我幫助你。後來，布魯斯改變想法採用另類思考的方式：「如果布洛克願意和我開誠佈公地談談，我很願意和他一起聊聊我的想法，也許，我就能支持他，幫助他做出很好的決定。」

表7.4 取代「應該如何因應」的另類想法

有害想法	對孩子有利的證據	另類想法
「格倫應該知道，我不喜歡他跟街上那些孩子講話。」	「他不過是個青少年而已，我卻以為他應當會知道我心裡的感受。這是很不切實際的想法。」	「我要多多了解他的朋友，這樣才不用太擔心他的所做所為。這麼想，我才不會做出反應過度的判斷。」
「他應該把學校裡發生的點點滴滴都跟我說。」	「他真的告訴過我，他很害怕科學會不及格。」	「我希望能找到一些方法，讓他主動告訴我學校裡的點點滴滴，這樣我會更安心。」
「她應該對我的新男友更尊重一些。」	「她跟我說，她永遠忘不了她父親情緒激動的模樣，甚至因此責怪我。」	「我想我跟新男友的關係最好再緩一緩，這樣，她才不會覺得有壓力。」

我記得曾輔導過的彼得，他是席莉雅的繼父，也是一位口惡心善的人。彼得認為席莉雅應該接受他是她的繼父的事實，何況他對她和她的母親史黛絲都非常照顧，不過實際狀況卻不然如他的意，不過，當彼得不再對席莉雅使用「應該」的陳述方式，他了解不再要求被尊重，就在此時他也開始獲得孩子的尊重。

當你越能擺脫對孩子使用「你應該」的陳述方式時，孩子就越不會在意跟你說話。使用「你應該」的陳述方式，會讓孩子有被要求的感覺，往往造成孩子的抗拒，甚至乾脆關閉與父母的溝通管道。反之，父母使用「你願意」的陳述方式而比較容易獲得孩子的合作和建立互信，以及建立更堅固的親子關係。

雖然我不能強迫你聽我的建議。不過，我真的很希望你願意考慮這樣做。

第四種：要做切合實際的推理，不要妄言失敗

妄言失敗，是一種有害的想法，那些會對孩子妄下失敗斷語的父母往往會過度誇張解讀孩子的負面行為和事件。那是一種不公平的、負面的推測，會也阻礙了父母與子女一起解決問題的機會。

更諷刺的是，妄言失敗不只會破壞親子間的互信與溝通，也會引發父母真正擔心的事。如第二章指出的，我們想的總是最容易看到的事。當父母的人越是把注意力放在他們不希望孩子去做的事情上，孩子偏偏越會做出那些事情。

當我們要求父母面對孩子時不要妄言失敗時，不少父母都會這樣想：「我要做的事已經夠多了，現在還得學習這件事。為什麼孩子就不能只做他應該做的事呢？」這樣的想法普遍存在於孩子生活與學業等層面，父母也許會妄言：「他鐵定不及格，日後恐怕要流落街頭。」；關於同儕，做父母的則可能妄言：「她永遠交不到朋友。」；甚至在家庭問題時，做父母的人仍可能妄言：「看看她，就因為她這樣古裡古怪的，才害得我們全家一刻不得清醒。」。妄言孩子失敗的行為會令你益發不相信孩子的能力。這是很悲哀的事，因為你對孩子的無法信任會讓孩子感到無力感。

壓力沉重的父母很容易產生焦慮，也特別容易對孩子做出妄言失敗的結論，就像那些背負著「情緒幽靈」的父母親一樣。在簡的例子裡，「妄言失敗」的想法，扼制了她的思考方式。簡一直很擔心家族遺傳的肥胖基因會對十來歲的女兒希薇亞造成不愉快的領影響。簡是個運動狂，不僅自己愛運動，平時也很鼓勵女兒希薇亞要多運動，可是希薇亞完全沒有反應，所以，她備感挫折。希薇亞有時也會稍微動一下，但畢竟不像簡希望的熱中。希薇亞看起來和許多青春期女性一樣有點微胖，而且最近有點飲食過量，但她私下跟我說，其實她是故意的，是為了違抗她母親才故意多吃、不運動。後來，簡曾經找我做了幾次個別諮商，也就不再對女兒的事有可怕的、過度誇張的想像，也比較少再對女兒施壓了。

隨著簡的放鬆，希薇亞也逐漸自行摸索出一套既營養又兼顧運動的健康生活方式。如何擺脫妄言失敗的想法，就是找出有利於孩子的證據，並採用另類的思考方式來看待孩子的問題。以下列出的要點，即是以簡的案例為例，說明父母是可以克服對孩子的未來作出不利的、不公平之推測的想法的。簡透過個人諮商，了解了問題的癥結點，並進一步克服了她唯恐希薇亞會過胖的疑慮。

- 簡教導希薇亞健康飲食的觀念與重點，這些方法是她的父母從未教過她的。
- 希薇亞近來開始在意自己的健康和外貌了。
- 許多女生小時候可能有點超重，但過了青春期就會瘦下來。
- 即使希薇亞有過重的傾向，但她還是過得很快活。

簡可以檢視有利希薇亞的證據，並告訴自己：「希薇亞有權利過自己想要的生活，我能做的就是教她如何選擇健康的飲食。而且就算她飲食過量、體重過重，我也不想讓她有以為自己不好看的印象。我想越不要對她嘮嘮叨叨、要她注意身材，她越可能會聽我的話。」

簡和希薇亞的故事給我們上了很重要的一課：「藉著確認自己是否有妄言孩子失敗的習慣，並加以擺脫，你就能找到親子溝通的最佳機會。圖表7.5是針對「妄言失敗」的另類想法，你可以運用到其他的情況。

我們曾在第四章裡提到「最壞的情況會是什麼？」的思考模式，當我們運用這樣的思考模式時，往往是以更合乎實際的、更健康的觀點思索問題。所以，你可以採取這個策略，用這種思考模式深入了解問題的真相。但如果你的孩子有立即傷害自己或別人的危險性時，那麼，你就需要尋求專業照護的人員幫忙。

表7.5 針對「妄言失敗」的另類想法

有害想法（即妄言失敗）	對孩子有利的證據	另類想法
「她在這個年紀就經常撒謊，長大後一定很糟糕，會有一大堆麻煩跟著。」	「她跟我承認過，她心裡有很困擾她的事情。我只要大聲一點，她就會說出我想聽到的真話。」	「每個孩子都會經歷不同的階段，有時會說真話，有時會掩飾真相，程度不一。讓這種恐懼纏著我不放，實在不公平。其實，我越讚美她誠實，她就越坦誠。」
「他永遠沒辦法安靜地坐好，會不會是有過動症，這樣以後的生活鐵定會有很多困擾。」	「因為我重回職場的緣故，所以他這一年過得很辛苦。跟第一次搬家的時候比，他現在已經比較沒有那麼過動了。」	「即使他真的有過動症，我們也沒有理由恐慌。必要時，我們可帶他去做鑑別診斷和治療。只是我要幫他想一想，以後他要做什麼。」

有害想法（即妄言失敗）	對孩子有利的證據	另類想法
「她根本不在乎她的貞操，完全沒有道德觀念。」	「因為她剛結交了一群新朋友，所以比較常外出，這並不表示我們失去她了。她也告訴過我，她不會隨便跟人發生性關係。」	「我有權對她表示關切，但光是拚命的擔心於事無補。我能做的，就是跟她漫天閒聊，不要讓她誤會我不喜歡她。」

現在，你已經沒有有害的想法

恭喜你，你已經知道如何消除會阻礙你喜歡你所愛的孩子的那些有害的想法。你可能質疑過：「我要花多久的時間來做這件事？」沒錯，收集對孩子有利的證據以及思索另類的想法，都需要花時間來做。但多麼美妙啊！當你消除有害的想法和行為之後，你就可以與孩子建立更多的理解和聯繫。記住，當你繼續勇往直前時，你會發現：「栽培孩子比改造大人容易多了。」

而且，你也不必一直花時間響這件事。正如你的有害想法曾經不假思索地就出現一樣，良好的另類思維方式也會不假思索地出現在你的腦海裡，很快你就能在有害想法萌發的瞬間消滅它。只需要花一點時間、練習和耐性，就能看到成效。

結論

自由選擇你的想法，對你和你的孩子來說都是一項美妙的禮物。當你利用本書所提供的技巧，收集到對孩子有利的證據，並藉此消除與抵抗你的有害想法，甚至進一步產生更好的、更健康的另類思考方法。請牢記以下重點：

- 消除你的有害想法，是很容易的一件事。
- 用另類思考的方式，可以消除突然爆發的有害想法。
- 聚焦在孩子的有利證據上就可以消除你對他的有害想法，而且，也能幫助你察覺之前所忽略的孩子的正面行為。
- 當你的想法越來越沒有害性時，你的行為也將隨之較不具有害性。
- 孩子對你消除有害想法的作法，會有正面的回應。

第8天
值得信賴的管教：減少處罰更能管好孩子

值得信賴的管教：減少處罰更能管好孩子

莉蓮簡直暴跳如雷，因為她要十三歲的兒子扎克溜滑板時一定要戴上頭盔，但兒子根本不理會她。於是，她問我：「傑佛瑞博士，我現在該怎麼辦呢？」接著，她又說：「我聽了你的建議，真的盡力擺脫有害的想法。我也採取更冷靜、更不具控制慾的態度對待他，我真的很努力地試過。但是，傑佛瑞博士，有時候我想真的要制定規矩比較好，像是孩子不聽話的時候，就把他的東西拿走。我真的覺得必須介入，讓他知道誰是老大比較好！」

莉蓮有嚴重的父母親挫折症候群，因為扎克拒絕溜滑板時戴上頭盔，而她認為那是很危險的動作。莉蓮有充分理由要求孩子戴上頭盔，因此她生氣是可以理解的，雖然生氣於事無補。

與大多數的父母一樣，莉蓮在要求孩子去做她認為重要的事情時，會威脅孩子如果不照辦的話，將受到重罰。當然，你會說：「為什麼莉蓮對扎克的處罰來的這麼迅速，為什麼不先觀察看看再說呢？」沒錯，當父母迅速決定進行處罰時，往往會造成不可收拾的後果。

請莉蓮再進一步描述她與扎克到底發生了哪些衝突，結果發現許多衝突都來自他堅持扎克戴上頭盔再蹓滑板但札克不想。爭執期間，她曾將扎克的滑板拿走一天，也曾將滑板拿走一個星期過。可是，因為莉蓮實在受不了扎克的糾纏，所以，最後又將滑板還給他，當然，剛拿回滑板時，扎克會乖乖地戴上頭盔，但一轉身就又將頭盔摘下來。

當莉蓮每次想要處罰時，也會困惑，為什麼處罰沒辦法讓扎克害怕，為什麼他就是不肯戴上頭盔呢？母子對抗的期間，莉蓮曾試著延長拿走滑板的時間，但卻發現扎克竟然借用朋友的滑板，這更添加她的挫折感。不管是對扎克大聲咆哮，或是懇求，甚至禁止扎克享受其他權利，譬如玩電腦或打電話，都無濟於事。

莉蓮真的覺得很沮喪，扎克就是無法體會他母親的用意。她很生氣的說：「有這麼難理解嗎？道理既簡單又明白，不戴上頭盔，就不能玩滑板。」可是，就算她將扎克的滑板拿走了，還是沒有真正解決問題。無論莉蓮怎麼做，不管是玩自己的滑板或朋友的滑板，扎克還是照樣不戴頭盔。不用說，每次莉蓮拿走滑板，或遇上與滑板有關的事，母子倆就會爆發爭執，每每都以尖叫、淚崩或摔盤子收場。

面對扎克的反抗，莉蓮內心充滿有害的想法，也感到身心交瘁。她跟許多父母親一樣，發現孩子不聽她的話時，很難說服自己喜歡孩子。更複雜的是，莉蓮也知道自己習慣以處罰的方式來教養孩子，雖然出發點是因為愛孩子。許多父母也都有同樣的問題。畢竟，誰不想當個風趣的父母，但誰又能忍受孩子公然違抗父母的意思？處罰真的不能讓孩子變好嗎？這些都是很好的問題。令莉蓮束手無策的是，她知道對扎克的處罰其實是沒有效的，只是讓事情更糟糕而已。

那麼，這對為了蹓滑板時是否戴上頭盔而爭執不休的母子究竟是如何解決問題的呢？首先，我請莉蓮坐下來，和扎克展開「意見交流會議」。但這一次我要她用不同的方式來和扎克溝通——多傾聽、少說話。莉蓮並向我承諾，這次她一定會力求了解為什麼愛心的處罰反而阻礙了她對孩子的了解。她跟扎克一起坐下來，開始探討他不戴頭盔的理由。當扎克開始娓娓道來之後，她終於明白原來理由不只一個，連解決方法也不只一種。

- 扎克表示，他的頭盔尺寸不合。後來，他同意去選購一個剛好的頭盔。
- 由於原來頭盔一直都放在儲藏室的架子上，所以造成「看不到，也沒想到」的情形。因此，他們兩人都同意改把頭盔放在車庫旁邊，扎克的滑板就放在車庫裡。把頭盔改放在明顯看得到的地方，比較不會忘記戴。

・扎克也承認，他覺得戴頭盔玩滑板很遜、不夠「酷」。這也是莉蓮最擔心的問題，不過，幸運的是她事前有作了一些功課，因此她很冷靜地向扎克說明許多專業級的滑板玩家也都會戴頭盔蹓滑板。為了影響和鼓勵孩子，莉蓮乾脆帶扎克去買了一張他最喜歡的玩家的海報，這張海報中的玩家也戴著頭盔。

莉蓮很有智慧地把兒子扎克帶進來，一起討論該如何處理蹓滑板時該不該戴頭盔的問題，她也很努力去了解扎克為什麼一直不戴頭盔的原因。後來，扎克真的慢慢開始願意戴上頭盔，雖然偶爾還是會忘了戴頭盔，但忘記戴的情形已經很少了。遇上扎克沒戴上頭盔的時候，莉蓮會先努力控制自己的情緒，避免自己「過度情化」，忍著不對孩子咆哮，只是冷靜地在一旁提醒孩子，結果之後的半年，扎克只有兩次忘記戴頭盔蹓滑板。更令人訝異的是，母子倆的衝突不見了。扎克以更開放的態度接受母親的管教，他不再覺得母親在處罰他，所以也就不在事事反抗了。

從莉蓮和扎克的案例中，我們發現很多數的孩子都是在等到父母了解他們潛在的感受和需要，並找到解決的方法後，才會改變自己的行為。所以，這一點非常重要，請記住，喜歡你的孩子，包括幫助孩子喜歡他自己與他所作的選擇。當你越努力了解他，孩子與你的關係就會越緊密，而且，你的孩子也會作出正確的選擇。

我在另一本著作《10天內，孩子不再是小霸王》中，曾探討管教孩子的問題。基本上，我提出的值得信賴的管教方式，就是指採取冷靜、合作的態度，傳達對孩子的愛和引導，而不是採用「全部聽我的」教養方法。我常常看到父母親對子女採取強制性的管教方式，往往都會引起更多的衝突，反而造成孩子更多的不當行為。儘管如此，有時候，那樣的管教確實有必要。我很同意管教孩子的時候，告訴孩子你能接受什麼，以及無法接受什麼，這是很重要的。對行為偏差的孩子來說，幫助他學習為自己的行為負責，並從中獲得教訓，以及以開放的、正面的方式來對待別人也是很重要的。

控制有害的想法，可有效幫助管教

控制有害的想法擁有很可貴的副作用——讓你與孩子的關係越來越穩固。當親子關係好轉時，孩子通常也都會變得很乖巧，親子間的衝突也會逐漸減少，處罰也就跟著剪少。但是，孩子終究是孩子，他們也會去測試你的底線在哪裡。對大多數的父母來說，設定忍耐孩子行為的底線，很具挑戰性，而父母在面對這件事情時很容易沮喪。所以，在你準備要開始處罰孩子前，請先控制你的有害想法，這樣才能穩定你的情緒。當你越是保持冷靜和堅定的態度，他就越會服從你的教導。

不過，我要再三強調的是，管教孩子一定要非常審慎，要多想一想採用哪一種處罰方式較理想，以及為什麼要處罰的問題。如果你採取過度負面的處罰方式或是處罰標準不一致的話，那麼，很可能產生事與願違的反效果和不必要的惡果。

為什麼管教反而會引發問題

許多孩子，尤其那些容易有偏差行為的孩子，對於父母的管教會出現敵對的反應。當行為偏差的孩子感覺受到過度控制，而感到莫大的壓力時，他們的想法會變得越來越扭曲。特別是他自認為沒有做錯，所以任何處罰對他來說，都是很不公平的。而且，他也認為自己與你是平等的，所以，也許會憤怒地想到或說出這樣的話，譬如：「都是你讓我過得這麼痛苦，所以我也要讓你跟我一樣難過。」，或是「看吧，這就是你讓我不爽的下場。」

行為偏差的孩子可能會在你或其他權威人士的面前，隱藏自己的不當行為，以逃避處罰。更複雜的是，如果你因為孩子不當的行為而過度管教他，你可能會因此嚴重自責。況且，這類的管教也常常帶給孩子羞恥感，甚至傷害他們的自尊。事實上，這麼做反而增加了孩子繼續做出不當行為的可能性。

當你能控制你的想法，並且對孩子的一言一行不再吹毛求疵時，你的孩子就有可能服從你的管教，也比較不會出現繼續出現偏差行為。當你的有害的想法比較少時，你們的親子關係也會比較融洽。所以，要努力建立一個新的、大有改善的親子關係，這是很重要的。

超越孩子的情緒反應

當你的孩子偏差行為趨於頻繁時，管教的工作特別容易失敗，這是因為行為偏差孩童比較容易流於情緒化，也較不成熟所致。每每遇到衝突，他們的負面想法和情緒就會一湧而上。請參考以下所列出的孩子的「活躍的想法」，這是他們對父母採取強制性管教時的反應。

孩子的「活躍的想法」

- 「我恨你（我恨這個／他／它。）。」
- 「你對我一直都很不公平。」
- 「從來沒有人認真聽我說話。」
- 「你毀了我的一生。」
- 「你真的很小氣。」
- 「為什麼要我去做那件事？你只會批評而已。」
- 「你只會指責我。」
- 「你總是要我去做這做那的。」
- 「你從不管我的感受。」

以上這些孩子的「活躍想法」，聽起來是不是有點熟悉？當你讀到這裡時，我希望以上的那些想法都是你孩子的想法，而不是你的想法。正如你所看到的，苦惱中的孩子也都有有害的想法。面對一個充滿負面想法的孩子，父母只會僵化地採取管教措施，通常只會造成更多的問題。因此，我建議你讀一讀塔馬爾・錢斯基的著作——《幫助你的孩子排除負面的想法》，對於處理孩子的負面想法會大有幫助。

許多父母常常把管教與處罰混淆了。對孩子抱著為處罰而處罰的心態，只會破壞而不是建立與孩子之間的相互了解與合作。處罰代表的是一種負面的管教，帶著一種「我是對的，你是錯的」的羞辱意味，會引起孩子情緒上的反彈，不管是激烈的或是被動的。

相反的，有效的管教重視的是教導孩子的過程。家長在管教孩子時，要抱著「讓我們一起處理」的態度，這樣可以幫助你的孩子避開情緒的反應。

行為偏差的孩子會把自己看作是跟你是地位平等的人，所以，他們會反抗你對他的處罰。如果你的孩子對自己的所作所為毫無悔意，甚至根本不知道自己做錯了什麼，他會直接將怒氣發洩在害他被罰的人身上，或是處罰他的。

管教時，永遠保持冷靜、堅定和不控制的原則

為了避開孩子的情緒反彈，以及達到有效的管教，做父母的人需要保持自制，這是極為重要的。在《10天內，孩子不再是小霸王》這本書裡，我一再強調家長保持冷靜、堅定和非控制的態度，就能避免孩子的情緒反應。現在你已經知道如何控制有害想法和擺脫有害想法，所以你能夠把事情處理的更好，你自己也不會陷入亟想處罰孩子的失控情緒之中。

也許你會質疑，或許我可以保持冷靜和堅定的態度，但是，我怎麼可能在管教孩子的同時又可以做到不控制他呢？這是個很好的問題。在這本書的後面，我們將進一步討論這個課題。其實，問題的關鍵在於你在執行管教時所表現的方式。最重要的是，你要採取與孩子是同一國的合作態度，而不是跟孩子是敵對的態度。

切記，管教本身，不管你採取什麼管教方式，均無法教導你的孩子重視那些價值，以及培養自重、自制和解決問題的能力。雖然管教可能對孩子有用，但是，更重要的要了解孩子的本性，以及為什麼他會那麼做。我在這章一開始就提到莉蓮的例子。莉蓮以了解、冷靜、堅定和非控制的態度，最後，終於避開與兒子扎克為了戴不戴上頭盔頭而發生嚴重的爭執。雖然莉蓮偶爾還會管教扎克，但是，次數已經

明顯減少，而且，每次管教時也都保持冷靜的態度，因此，管教的效果更有效。

現在，就讓我們更細膩地將管教分成兩大類。其中一種叫做「自然的處罰」，另一種叫做「合作的必然的處罰」。對於行為越來越偏差的孩子，這兩種管教方式都可以減少他們的不當行為。

自然的處罰

自然的處罰，基本上，所根據的是「得到應有的處罰」的邏輯。譬如，若是你的孩子不肯多加一件衣服，就讓他受涼；若是不吃飯，就讓他挨餓；若是不把功課做好，就讓她交不出作業；若是他對足球賽的教練不禮貌，就讓他被逐出球場。這些都是很重要但困難重重的課題，你可以靠著你的人生經歷當孩子的人生導師。

多年以前，當我還是個十來歲的孩子時，第一次接到超速罰單。當時，我的爸爸告訴我一句話：「傑佛瑞，要想尋歡作樂，非付出代價不可。」老爸的意思是，我必須自己承受選擇錯誤的後果，因此，我可以從自己的所作所為學到寶貴的教訓。我並不喜歡繳納罰款，但那一次的違規經驗讓我知道自己需要負起行為責任。

我相信這個世界遲早會以「自然的處罰」讓我們變得更謙卑一些。孩子也許得付出一些代價，才能學到教訓，但這就是人生。我記得有一位十三歲的男生，曾經跟我吹噓他在當地超市偷了一把梳子。整個偷竊過程是如此的順利，因此，幾個星期之後，他又跑去偷東西，這一次果然被逮到了，並被處罰在當地教堂做社區服務。在這種情形之下，「自然的處罰」讓他明白必須為自己的行為負起責任，這是他所學到的教訓。

不過，有時候父母親要插手保護孩子，以避免掉入「自然的處罰」。危險行為所帶來的後果，有可能是很嚴重的傷害。譬如像扎克踏滑板時，如果一直都不戴上頭盔，有可能會摔得頭破血流。同理，回家不寫作業的孩子，很可能落得升學無望的後果。在這樣的狀況下，父母一定要趕在可怕後果出現之前，及時插手、介入管教。此外，像孩子偷錢被父母抓到時，就必須做一些家事以彌補其過錯。

以下，就讓我們看看父母如何以最有效的方式來處罰他們的孩子，由於父母在處罰孩子時，保持合作的、協力的態度是非常重要的，所以，我將此一處罰方式，稱之為「合作的必然的處罰」。

在說明「合作的必然的處罰」之前，我們先討論何謂「必然的處罰」。「必然的處罰」是個教養術語，也就是指父母在為了阻止孩子做出某些行為之下，對孩子所做的處罰。我認為在合適的情形下，「自然的處罰」是最有效的管教方式，因為可以讓犯錯的孩子直接看到做錯事的後果。不過，如果父母親覺得有正當的理由，他們決定插手時，那就是對孩子施以「必然的處罰」。這種情形的例子不勝枚舉，譬如，孩子大聲喧鬧，並將手中的飲料灑了滿地，此時，父母會告訴他要把地面擦乾淨；或是你的女兒把腳踏車擺在車道的中間被你發現後，你要求她把腳踏車移開，她卻置之不理，那麼你可以把腳踏車收起來不准她騎，過一天後再還給她；或是像孩子經常發生的爭吵情況也是，遇上孩子為了玩具不停的吵鬧，父母可以把玩具收起來，罰他們十分鐘內不准玩。請參考《值得信賴的管教方式：如何適當地使用合作的必然的處罰》這一部分，將可進一步了解怎麼做。

關於父母親針對孩子的不當行為所做的處罰，我建議要把「必然的處罰」一詞，修正為「合作的必然的處罰」。主要是強調你跟孩子是同一國並非敵對的。即使你的孩子不樂於接受處罰，而那種處罰也是他不想要的，重要的是當你在考慮處罰問題與執行處罰之際，都一直保持著你與孩子是同一國的合作態度。

第二類：「合作的」必然處罰

處罰孩子時，不必管孩子不斷的嘀咕或發牢騷，你還是要保持與孩子是同一國的合作態度，以冷靜與中庸的方式處罰他。我甚至曾經跟孩子承認，我很想大吼大叫，甚至「失控」。但是，當我把這些話都說出來之後，那個「過度情緒化的火藥庫」的引信，也隨之被拆除了。這麼做也幫助我提升能力去傾聽和觀察自己的想法和行為，並學習三思而後行。不過，如果你處罰孩子時是偏向情緒化的、專制的態度，那麼，你的孩子就無法開放自己，也無法從錯誤中學到教訓。記住，你不能為了孩子對你最近所展現的冷靜、堅定和非控制的態度不理不睬，而受到影響。同樣的，如果你跟孩子表示，你對他所採取的方式，都是因為你覺得那麼做，對他是最好的，而且，執行時也很確實如此，那麼就不會引起孩子的反彈。

記住以親切、合作的態度，對孩子採取「合作的必然的處罰」方式時，不需要經過孩子的同意。如果喬伊繼續玩電玩卻不願意去做功課的話，爸媽可以透過冷靜、堅定和非控制的態度，把他的電動玩具拿走、鎖起來；如果孩子違反規定騎著腳踏車到不該去的地方，你可以幾天都不准他騎腳踏車或把腳踏車寄放在親戚家。當孩子沒做應做的家事時，你可以用冷靜、堅定和非控制的態度多提醒他幾次，然後取消他的特權，像是晚上可以跟朋友在一起，或租CD影片回家看。針對孩子的各種不當行為，你要以與孩子是同一國的合作態度去處罰孩子。

處罰時，要保持與孩子是同一國的合作態度，而對孩子所使用的字眼也要用有與孩子同一國未到的合作字眼。譬如，有一對兒子過度沉迷於電動玩具的父母親對兒子說：「我知道你一定會覺得不高興，但我還是決定禁止你今天晚上玩電動遊戲，我希望你先把功課做完再玩電動，如果你守規矩，那麼，明天下午我就會把電動玩具還給你。」一針對孩子的不當行為施以選擇性、沒有攻擊性的必然處罰，可以讓孩子學會為自己的行為負責。最重要的是，在處罰時不應帶任何情緒，如此才不會傷害孩子的自尊。

我曾見識過無數的父母處罰孩子的方式。以莉蓮為例，最初她想管教扎克並不成功，因為當時她缺少合作的態度。很多父母不知道為什麼孩子會有那些不當的行為，他們不了解潛在的問題，因此對孩子的處罰並沒有效果。最重要的關鍵是，你一定要審慎思考如何運用「合作的必然的處罰」來對待行為偏差的孩子。請參考下列的指導原則。

如何適當的使用合作的必然的處罰

父母很難知道是否該對孩子的不當行為予以處罰，以及該如何處罰？以下是一些幫助你決定該何時處罰孩子的建議。

・你對於孩子的期待是否夠實際？他是否能夠符合你的期望？有時父母會喪失洞察力。如果你對孩子的期待不切實際到完全不符合他的年齡或情緒成熟度，那麼就不用處罰他。如果你自己的態度有欠允許，那麼就改變你對孩子的期望、不要處罰孩子。

• 當孩子做錯事時，她自己是否知情？如果她不知道的話，請解釋給她聽，為什麼她做錯了，但是不要處罰她，讓她了解你對她的期待，你為什麼對她有這樣的期待，以及她該怎麼做才能達到你的期待，請提供她所需要的幫助。

• 若你的孩子知道她做錯了，卻仍故意漠視你對她的合理期待，並且繼續表現不想為不當行為負責的態度，那麼我建議你可以處罰她。理想上，如果你可以用冷靜、堅定和非控制的態度，與她有效地討論你所關心的課題，我鼓勵你可以與孩子一起討論，再決定該怎麼處罰她。

• 孩子是否違反了你們共同同意的規定？你是否已不再熱中，或厭倦於過度反應，或者孩子是否真的有什麼問題？你是否公允地審視了孩子的狀況？如果孩子並沒有違反既有的規定，那麼就不需要處罰他。

截至目前為止，我們已經討論了「自然的處罰」與「合作的必然的處罰」。當你採取「合作的必然的處罰」方式時，記住以下幾個重點。這幾個重點將讓你在執行處罰時更為成功。

採取「合作的必然的處罰」方式時，應注意的八項重點：

1.親子有更多的互相信任，可以逐漸減少處罰的次數和頻率。

如果孩子很清楚你對他的期望，而且，孩子的行為表現很好時，也適時地得到你的鼓勵，那麼，孩子將逐漸不再做出需要你處罰的不當行為。你可能也看過當孩子覺得學校的老師讓他覺得被了解時，那麼，孩子就會非常用功。同樣的，在管教方面如果你讓孩子覺得你很了解他時，孩子也會非常順從你的管教。

以下是吉爾與她的女兒辛希亞的故事。充滿父母親挫折感症候群的吉爾，對九歲大的女兒辛希亞一直抱著要好好處罰她的心態，因此，他們之間的爭執不斷。辛希亞一直讓吉爾備感困擾的問題是，不肯整理自己的房間，為此，吉爾非常想處罰她。她們母女為了這件事常常發生衝突，兩個人也都很沮喪。儘管吉爾懷疑親子的互信與了解究竟能發揮多大的效果，但是，她還是試著改變自己對女兒的態度。後來，吉爾開始了解到女兒對整理房間的事感到很大的壓力，所以，需要一個「有利的條件」來幫助她。於是，在吉爾和辛希亞兩人發揮團隊精神積極合作後，女兒辛希亞房間的整潔程度也大有改善，雖然所拍下來的房間照片還達不到登上雜誌的水準，但是，確實已經比以前更整齊乾淨了。顯然，吉爾最近所採取的了解與合作的態度，深刻地影響了辛希亞，讓她願意聽話，並將房間整理得更乾淨。

2.處罰標準前後一致才有效果。

二十五年前，我攻讀研究所時，在一次學術會議上遇見著名的心理學家史金納。他的學說讓我十分佩服。史金納指出：當我們不確定是否會得到獎勵，以及不確定獎勵是什麼時，便會以無比的熱情來追求目標。好好地想一想這種情況。有個小孩在店裡看到糖果，請求媽媽買給他。媽媽說：「不行。不要再求我了，否則我們回家以後，你就別想再出門了。」。如果那個孩子繼續請求下去，媽媽最後也軟化了、屈服了，而孩子還是可以到外面玩的話，那麼，她無異在告訴孩子，如果他繼續鬧個不停的話，就不用接受原本媽媽想威脅他的處罰了。如此一來，等於是在鼓勵孩子一再重覆無理的行為。

正如你所知的，前後一致的處罰標準很重要。如果你用了「如果……那麼」之類的句型，那麼就必須確實遵守這句話「那麼」的部分。許多父母都跟我抱怨，他們實在很厭倦遵守那麼多「那麼」。我們似乎很常陷在這樣的陷阱裡。你只要記住，值得信賴的處罰方法是建立在前後一致的標準上。處罰標準越是一致，你就會越省事。因為你是在阻止孩子的不當行為的發生。

老爸哈爾曾告訴八歲大的兒子伊恩：「如果你繼續把你的背包擺在地板中央的

話，就得把整個衣物間清理乾淨。」，伊恩依然無動於衷。大約一星期之後，哈爾被伊恩的背包絆到，差點摔跤。伊恩看到老爸滑了一跤的踉蹌窘態，不禁爆笑。雖然對整個情況很懊惱，哈爾還是保持冷靜、堅持立場，要求伊恩一定要把整個衣物間整理得很乾淨。這下子，伊恩終於知道老爸這次不是開玩笑的。過去，伊恩總是等著老爸忘記處罰這檔事，但這一次他知道逃不掉了。

你要知道，如果孩子今天做了一件事遭到處罰，但是，昨天做了同樣一件事，你卻沒有處罰他，那麼孩子會感到很困惑。最後一點，這真的很重要，對每個孩子都要採取一視同仁的處罰態度。即使是最小的孩子，當他們看到父母親的處罰有差別待遇時，他們也會很不高興。

3. 專注於解決問題，會逐漸消除引起有害想法的導火線。

切記，處罰時，要把焦點擺在找出解決問題的方法，而不是把焦點放在讓孩子痛苦。重點在於要想想孩子眼前的行為和問題是什麼。記住，每個人都會犯錯。所以，處罰時，要對事，不要對人，不要對自己的孩子說你是「壞孩子」（切記，不要再貼標籤了），而是針對孩子的行為處罰。生氣是沒用的，在孩子的眼中，怒氣只會讓他覺得提心吊膽或情緒激動，並沒有正面的作用。這與從錯誤的行為中學到寶貴教訓是背道而馳的。

4.處罰的時間縮短最好。

處罰孩子的時間不要拖太久，這樣很快就可以讓孩子又有一個重新學習的機會。譬如，如果你家裡的孩子為了看電視而吵成一團，因此，就把電視關掉十分鐘，以示懲罰。當你這麼處理時，孩子很快就能學會以不同的方式去解決當下的問題。可是，我們卻看到那些充滿父母親挫折感症候群的父母常小題大作。像上述這種情形，如果父母決定從孩子吵鬧的那一刻起，就把電視關閉一整天，那麼你的孩子將沒有機會學習以不同的方式來處理事情。同樣的，時間拖得較長的處罰方式，對於父母的影響往往比對孩子的影響更不利，譬如處罰孩子，把他的腳踏車或電動遊戲機拿走並限制他一整個星期都不能玩時，他們會覺得無聊當快瘋了！記住，處罰時，最好要能達到指引和教導孩子的作用，而不只懲處而已。

5.管教要從先發制人的方式到合作的方式。

可能的話，處罰孩子之前，要先跟你的孩子解釋為什麼處罰他，這樣孩子才不會感到莫名所以。如果你事先警告孩子哪些不當的行為可能會讓他有哪些處罰，那麼孩子在接受懲處時，也比較不會那麼氣憤，也可避免引起孩子的情緒反應。

事先與孩子事溝通關於處罰的事情，在執行處罰時會比較有效，也比較容易些。當你在制定家中規矩時，也要讓孩子參與意見。同時，你也要幫助你的孩子了解規矩的內容，以及當他們犯規時，會受到哪些處罰。對你和孩子來說，規矩和處罰必須很明確。我建議你在衝突發生之前，先用白紙黑字寫下來，以免在吵得不可開交時，還得為了這件事辯論半天。你在執行懲罰之前，要先警告孩子。譬如，你可以這樣表示：「你這樣大吼大叫，實在太吵了！如果你們還是這麼大聲，又沒辦法決定要看哪一個頻道，那麼我就要暫時將電視機關掉十分鐘。拜託你們幫幫忙，不要搞到那麼僵。」

6. 處罰必須緊跟在不當行為的後面。

執行「合作的必然的處罰」時最好緊跟在孩子做了不當行為之後。「等你老爸回來了，就有你好看了！」這樣的管教想法，對孩子來說，是很糟糕的處罰方式。延遲的處罰，只會讓行為偏差的孩子更快、更想擺脫自己的責任，而且，會讓他對這個情況更為憤怒。由於行為偏差的孩子有挑戰父母權威的傾向，因此很可能把延遲的處罰與處罰他的父母連結在一起，而不是把處罰與自己的不當行為連結在一起。在孩子做出不當行為後，盡快處罰他會更有效果。

貝蒂，八歲的凱莉的媽媽，後來終於了解為什麼延遲的處罰完全無用。她告訴我：「在我接受你的輔導之前，我一直以為我真的有獲得凱莉的注意。而且，我告訴她說，如果她哪天做錯了什麼事，之後一定會受到我的處罰。可是，我現在才知道，這只會讓她更擔心也更生氣。」

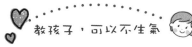

另一方面，盛怒之下，最好不要立刻處罰孩子。此時由於怒氣正熾，處罰孩子有可能會操之過度或過於嚴苛。反之，你可以這麼說：「我現在很生氣，再過幾分鐘後，當我比較冷靜時，我們再好好談一談。」

7.處罰要有作用。

記住，值得信賴的處罰的目的，主要以教導為主。你會驚訝地發現，做父母的人很容易忘記這個道理，如果你的孩子不知道自己究竟做錯了什麼事，那麼，他們是不可能從處罰之中學到任何教訓。所以，你在做出「尋開心」似的處罰之前，不妨先問問自己：「我的孩子知道自己做了哪些不對的事情嗎？他知道做了那些不對的事會造成什麼樣的問題嗎？」

尼克是我輔導過的一位父親，接受輔導之前，他對孩子的處罰常常小題大作。有一天，尼克看到兩個八歲大的雙胞胎女兒興高采烈地在他的床鋪上又跳又唱，頓時間，他的父母親挫折感症候群突然發作了。他自言自語地說：「這兩個小孩完全失控了，從小到大都不會安靜的玩，真是令人討厭！」接著，尼克威脅這對雙胞胎再這樣胡鬧，他就要取消之前答應要帶她們去看電影的承諾。當下，雙胞胎之一莉蒂亞回應尼克說：「爸，我們只是好玩罷了。」聽到女兒的話，尼克靈光乍現，他又不是一出生就四十五歲了，他當然知道彈簧床對小孩子的吸引力有多大。因此，他改以緩和的口氣對女兒說：「好吧，但是請你們小聲一點、小心一些。」

聽完慈父的告誡後，雙胞胎又開始活潑的在父親的床鋪上活蹦亂跳。不久，尼克便聽到一聲爆裂聲，床架突然掉落在地板上，同時，也傳來雙胞胎之一伊齊的大聲尖叫。此時，尼克還是冷靜地告訴雙胞胎，之前約好要帶她們去看電影的事就此取消了。接著，他又告訴雙胞胎只要她們幫忙他把床鋪弄好，再把自己的房間也收拾整齊，以及聽他解釋為什麼不能在床上亂蹦亂跳之後，可以讓她們選擇看哪一部午間電影。尼克對這種處理方式很滿意。他跟孩子解釋了重點，也做了一些循循善誘的處罰。同時，他也沒有採用掌控的態度，讓孩子在失去看電影的機會同時還保留其他的選擇機會給孩子。

採取冷靜、堅定和非控制態度的好處在於讓你的情緒可以緩和下來，也能避免過度的反應，同時，也讓你能選擇以更合理、有效的方式處罰你的孩子。這樣孩子才會把焦點擺在自己的所做所為，而不會把焦點放在反抗你對他所做出的反應。

8. 願意溝通。

雖然我們都知道一定要負起責任，但還是有一些等待修正的空間，並試著從錯誤之中學到教訓。譬如，我們的法律體系會讓願意合作的犯人有重新做人的機會，如果他們承諾改過且表現良好時。多年前，我曾經去法院跟法官和警察討論關於超速罰單的問題。他們對我勇於認錯的精神印象深刻，因此主動減輕罰金。

我想起輔導過的對象科爾，他是九歲的羅杰的父親。科爾很努力想做一位「不急躁的父親」。但是，有一天晚上，科爾宣布要帶羅杰和他弟弟一起到餐廳用晚餐時，羅杰卻大發脾氣：「我們總是看他要去哪一家就去哪一家，你從來不問我想吃哪一家。」此時。科爾退一步想，同時，還把當下冒出來的「你應該如何」的有害想法儘量排除，那個有害的想法是這樣：「你們都應該對我撫養你們感到高興才對呀，更不用說還帶著你們上餐廳。」可是，他沒有說出來。此時，科爾以最冷靜、最堅定的態度跟羅杰表示，自己很不欣賞他剛才的憤怒言詞。可是，羅杰還是繼續發飆，把弟弟的掌上遊戲機丟在地上，用腳猛踩，還把遊戲機的塑膠外殼踩碎。

看到這個情況，科爾決定對羅杰作一些處罰。雖然在這種情況下還要保持冷靜並不容易，但科爾還是儘量以冷靜、堅定和非控制的態度告訴羅杰，破壞弟弟的掌上遊戲機是不被容許的行為。接著，他也堅定地告訴羅杰，一個星期內都不准玩遊戲機。當羅杰提出抗議時，科爾問他是否願意採取一些補救措施，以換取可以提前玩遊戲機的機會。後來，羅杰同意跟弟弟道歉，也願意多做一些家事，以此作為損毀弟弟的遊戲機的補救方式。科爾最後讓羅杰為自己的不當行為付出受罰的代價，但是，同時也運用具彈性和可以溝通的處罰方式，教導羅杰必須承擔起自己應負的責任。記住，管教的重點在於教導孩子，而不是報復孩子。

請你在採取「合作的必然的處罰」方式時，務記住應該特別注意的八項重點。同時，你也可參考以下將提出的各種值得信賴的管教方式的具體對話內容。

無效與值得信賴的處罰有何不同？

大部分的父母都是採取強烈、情緒化的態度處罰孩子，這是很糟糕的處罰方式。以下是有害的想法所帶來的無效處罰，以及無效的處罰與值得信賴的處罰的範例比較。你很快就能看出無效的處罰與值得信賴的處罰的差異所在。

有害的想法：「這個孩子真差勁，整天只知道睡覺，做事不負責任。他對生活完全不在意，也不關心自己的事。」

無效的處罰：「因為最近兩個星期，你已經第二次晚起床、趕不上校車，還上學遲到，所以，這個周末你被禁足！」

值得信賴的處罰：「你也不知道自己為什麼會睡過頭？我想我們今天晚上一起討論一下這個問題。我們要想出辦法讓你能早睡早起，我們一起來想想解決的辦法。我已經有一些想法，但是，我也想聽聽你的想法。」

有害的想法：「你這個孩子每次都得寸進尺。從你的表現，我看不到你能夠自我控制的跡象，我實在不相信你能作出正確的判斷。」

無效的處罰：「你已經玩了兩個鐘頭的電玩，而且還在繼續在玩，你完了，這個星期你都不准再玩了。」

值得信賴的處罰：「玩電玩似乎讓你沒辦法做其他的事，我要你接下來兩天都不能再玩電玩。讓我們一起討論看看有沒有比較好的方法來解決這個問題。」

有害的想法：「你是被寵壞的小孩，一點也不尊重我。」

無效的處罰：「你竟然敢用這種口氣跟我說話！你今天不准出去玩！」

值得信賴的處罰：「我無法接受你用這種口氣跟我說話，所以，我決定不帶你去購物中心了，因為帶你去會讓我覺得，我好像在縱容你這種不當的行為。請你跟我一起坐下來，讓我了解為什麼我們講話時你會那麼生氣。」

有害的想法：「我無法相信這個孩子，他從來都不尊重。」

無效的處罰：「我已經受夠了你老是那麼晚回家！這個週末你不准出門。」

值得信賴的處罰：「聽著，我們真的需要好好地談一談，我不知道為什麼你每天晚上都沒法準時回家。我真的很擔心你的安全，而且，我正在考慮是否該讓你星期五晚上去跳舞。你對這件事有什麼想法？」

我希望到目前為止，你真的了解何謂值得信賴的管教與處罰的態度，並因此而感覺良好。現在，你已經知道值得信賴的管教是什麼，所以，當你的孩子所作所為不那麼可愛時，你就會運用這個方法來處理。

體罰的特別注意事項

本書討論的重點是關於父母親的有害想法。我認為有害的想法會惡化變成採取體罰的方式對待孩子。減少你的有害想法會降低對孩子採用體罰的可能性。不過，如果你很容易對孩子體罰，我鼓勵你主動尋求專業人士的協助。

我十二歲時有個朋友叫做艾倫，他是個有點笨手笨腳的人。有一天，我經過他家時，看到他把懶骨頭往妹妹身上丟，不幸的是艾倫沒丟準，竟然把玻璃窗打破了。艾倫的媽媽對著他尖叫，還說等他繼父回來一定會好好「修理他」。當艾倫聽到媽媽提到繼父時，我看到艾倫嚇得全身發抖。艾倫的繼父柏特是個塊頭很大，不是那種會用溫暖和細膩教養方式的粗人。當柏特回家後，我記得他問是誰打破了窗戶，艾倫勇敢的看著繼父，告訴繼父說是他自己打破的。柏特厲聲要艾倫上樓，並要他「把皮帶準備好」。接著下來三個小時，柏特忙著處理他的生意，而艾倫則跟我一起坐在客廳裡等待處罰。柏特認為如果晚一點處罰，孩子才會當作一回事。整晚都很平靜，好似什麼事情都沒有發生，直到柏特忙完回過頭來找他，對他說：「走」，然後強行把艾倫拉到樓上房間。一分鐘以後，艾倫的慘叫聲，傳遍整個房子。我還記得當時我自己待在客廳裡，全身嚇得發抖。

許多研究都顯示，身體上的處罰，包括打人或賞耳光，以及語言上的辱罵，都是無效的處罰。體罰看起來好像短期就能見效，但就長期而言所造成的傷害會比幫助更大。孩子會為了逃避被打耳光而做你要他做的事，但一但威脅不在時，他還是為所欲為。這是因為他們不知道適當的行為和不適當的行為之間有什麼差別。體罰會羞辱孩子，讓孩子感到沮喪，讓他覺得自己很糟糕。此外，如果你的孩子一直很困擾，並很需要你的幫助時，若是他怕你，他就更不會尋求你的幫助。

體罰與身體虐待之間的差別非常細微。我認為，在心理上和身體上對孩子虐待的父母親很可能內心都充滿著有害的想法。這些想法就像：「因為你的關係，讓我的婚姻一團糟。」，或是「我要好好揍你一頓，因為這是唯一讓你學會懂事的方法。」，或是「在你生下來之前，我們夫妻倆一直都很好。」。雖然我在輔導工作上，幫助許多家長控制他們的有害想法，並讓他們保持更冷靜，但並不意味著這本書可以全盤取代專業的輔導，專業輔導確實有助於家長早一點找到教養的良方，所以我鼓勵一直抱著有害想法的父母要向外尋求專業人士的輔導。

體罰孩子無異是在告訴孩子暴力是被允許的行為，而且，體罰除了會傷害孩子的自尊，甚至是在鼓勵他採取肢體暴力的行為。如果你曾打過孩子，你也不要太沮喪。我們都會犯錯，沒有人是完美的。不過，我強烈地建議你停止體罰。反之，你可以運用這本書與《10天內，孩子不再是小霸王》所提供的策略來教養你的孩子。

不要過度寬容

相反的，對待孩子以過度寬容的態度，其嚴重程度與對孩子過度嚴苛或過度權威，都一樣不好。那些對孩子抱著有害的否定態度的父母親，尤其容易流於太寬大、太縱容。這種父母會這麼想：「時間到了，這個社會就教導我的孩子。我真的無需那麼做。」沒錯，其他的人樂於讓你的孩子因為不當行為而受到處罰，而且，有時候你的孩子會很痛苦，惹來很大的麻煩。不過，只有身為父母的人，可以在關愛的氛圍中，教導你的孩子如何解決問題、如何補償與如何修正等問題。

如果父母的管教態度太過軟弱或沒有回應，將會失去孩子的信賴和尊重。我所見過的寬容型父母，與權威型的父母一樣多。寬容型的父母沒定出什麼規矩，而且也沒有一致的管教標準，他們對孩子沒有一套必要的規矩和堅持。而且，即使定下了規矩，也無法徹底執行。寬容型的父母對孩子是有責任的。他們常掛在嘴上的無非是：「等他累了就會上床睡覺。」、「如果孩子想拿冰淇淋當早餐，我也無所謂。」、「她對我沒禮貌也沒關係，因為我知道這個階段的孩子就是這樣。」

由於寬容型父母的孩子慣於想做什麼就做什麼，所以，他們在與人相處方面有很大的問題。他們被寵壞了、自私，而且，這些孩子的行為還相當偏差。如果你選擇的是這種放任的教養方法，現在也不必太懊惱。你之所以會變成過度寬容型的父母，可能有幾個理由。也許是因為你自己的父母很嚴格、很權威，所以，當你成為父母後便決定不要管那麼多；或者你之所以會選擇寬容的方式，是因為你覺得管太多壓力很大，你也沒有力氣去定出規矩並執行；而有酒精和藥物成癮問題的父母，可能會在管教上多所妥協，同時，也無法制定前後一致的罰則。

如果你過度寬容地對待孩子並出了差錯，那麼，請你努力了解自己是如何以及在哪些方面太過寬容，並承諾要修正教養方式。或許你並不喜歡衝突，或成為行為偏差孩子的感情俘虜，只因為你害怕處理更多戲劇化且混亂的場面。如果是這樣的話，那麼請你繼續使用冷靜、堅定和非控制的態度與孩子溝通。即使孩子一開始的反應可能很負面，但還是請你冷靜而坦誠地與他多談談。同時，也請鼓勵孩子用同樣的態度跟你說話，並告訴他，如果他願意跟你一起學習使用冷靜、堅定和非控制的態度，那麼你會對他另眼相看，而他也能得到更多的特權。記住，要讓這種教養方式穩固下來並沒有那麼容易，需要花點時間。不過，如果不再過度寬容你的孩子，那麼，他的偏差行為將會逐漸減少，就長期來看，他也會更尊重你。

結語

當你考慮處罰孩子的時候，切記以下各點：

‧「減少有害的想法」、「更了解你的孩子」、「與孩子保持良好的關係」，這三項是幫助你的孩子從錯誤中學到教訓，並做出正面改變的最好方法。

‧處罰不能太複雜和過度情緒化。

‧慎重考慮處罰的問題，並審慎地執行，對行為偏差及其他的孩子都有幫助。

‧「自然的處罰」是指孩子接受應有的處罰；「合作的必然的處罰」則幫助你避開與孩子的敵對。

‧對孩子過度寬容，其嚴重程度，與對孩子過度嚴苛一樣不好。

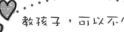

第9天

保持正能量不斷流入

我希望你對自己眼前的進步，感覺很棒。因為現在你會運用的有效技巧更多了，因此你現在應該擁有較之以往更正面的想法和情緒，面對孩子頗具挑戰性的問題，也應該更有所準備。最重要的是，現在，你可能更喜歡你的孩子。

我輔導過一對夫婦羅莎娜和艾力克，他們激動地告訴我，當他們擺脫了有害的想法之後，與十四歲女兒安瑪麗的關係也有了令人滿意的改善。在改變之前，安瑪麗不僅備受內心焦慮之苦，外顯行為也很偏差。羅莎娜說：「傑佛瑞博士，改變態度，讓我們重新找回女兒，而且和以前相比，女兒也更好管教了。一直到現在，我還是不明白，當初我怎麼會讓那些有害的想法阻止自己去了解安瑪麗的問題，你知道改不改變之間，差異有多大嗎！現在，我們跟女兒的相處再好不過。」

截至目前，你們學會的所有新技巧，都集中在消除和避免有害想法尚，現在你應該是個排除有害想法的人，而且，也能很有技巧地處罰孩子，真是太美妙了！你不僅很好地教養子女，也消除了他們的偏差行為。

既然已經完成良好教養的課題，那麼接下來，我們要把探討的焦點擺在如何讓良好的改變繼續向前邁進。當然，你的親職工作不可能一直一帆風順。但是，管教孩子不順遂的日子已經明顯減少，而且你的父母親挫折症候群也隨之大幅減輕。

使用鼓勵的時候到了

道理真的不難懂，當你對孩子投以越多的正面關注，孩子就越不會以負面行為來贏得你的正面關注。就是這麼簡單。孩子都很看重父母親所給予的正面支持和鼓勵，因為那種感覺很棒。甚至連到我的辦公室來接受輔導的那些行為最偏差、最厚臉皮和最麻煩的孩子，也都渴望父母的認同。為了滿足孩子獲得他們需要的正面關注，面對孩子時，你要保持正確的態度。

鼓勵會產生很多的正面能量。父母給予的獎勵和正面反應可以鼓勵你的孩子繼續保持正面行為，甚至是做出新的正面行為。聽起來好像很容易，可是因為仍有許多父母因為使用方式不當而帶來負面的結果，以致看不到正增強的效果。

多用獎勵來鼓勵孩子

獎勵對孩子來說很管用。只要一想到獎勵，你在任何時候都會很想做某件事，因為只要做了那件事，就會為你帶來愉悅的感受。當孩子得到一個會心的微笑、一句讚美的話，或是一個深情擁抱，他都會感覺很棒。獎勵是一項很棒的工具，能進一步鼓勵孩子表現得更好或更願意合作，而且，幾乎都是立即見效。

特別是容易行為偏差的孩子尤其需要父母親給予獎勵，當他們表現出正面的行為。他們也需要更多額外的正面鼓勵，以填補對自己的負面感受。

正面鼓勵促成更正面的改變

在接近結尾之際，我們才開始討論正面鼓勵是有原因的。在你未能完全排除有害的想法之前，你可能很難找到獎勵孩子的機會，但現在，因為你的有害想法已經減少了，所以與孩子的關係大有改善，孩子的偏差行為也減少了。一旦孩子的偏差行為減少，你便可以站在更新且更有利的位置上，「捕捉」孩子的正面行為並給予獎勵。「捕捉」並獎勵孩子的正面行為，就等於是在增強孩子表現正面行為的機會。當你這麼做時，孩子的不當行為會越來越少。這種說法很正確，因為：

- 你的孩子不可能同時既聽話又叛逆。所以，只要他越順從你，就會越不叛逆。
- 當你越把焦點放在孩子的正面行為之上，你就越會看到令人鼓舞的改變。

多留意給予孩子正面的回饋

我曾經討論過用心傾聽與克服你的有害想法的重要性。同樣的，這也是很重要的——你要多留意以正面回饋關注你的孩子。許多父母之所以未給予孩子足夠的正面回饋的最大理由，是由於他們沒把這件事當作最優先的教養工作。當你將捕捉自己的有害想法變成良好的習慣時，你也要養成不斷給予孩子正增強的良好習慣。

回想第四章的內容，你應記得我曾經強調感謝擁有生活周遭的一切，與感謝你的孩子擁有健康身體和正面價值的重要性。可惜的是，父母常視孩子的正面人格特質和行為為理所當然。一位深受挫折的媽媽南茜曾問道：「圭亞娜花了幾個月的時間終於把她的房間整理好了。為什麼我得注意這種事，還得在她做完這點家事後，跟她說『謝謝』」。

請你記住，多去捕捉孩子所表現的適當行為。當你捕捉到越多孩子的正面行為，你就儲存越多有利的證據，來反駁你的有害想法，同時也找出正確看待孩子的另類想法。你看，現在你進入一個良性的循環：擺脫你的有害想法之後，讓你發現孩子的正面行為，而且，當你留意以正面回饋關注你的孩子時，又轉回來幫助你消除那些有害的想法。這就是正面鼓勵能夠更能協助你消滅有害想法的原因。

養成正面鼓勵的習慣並不容易

教養子女是一項充滿挑戰的工作。你會過度把焦點放在孩子的負面行為——包括不合作、不做功課、不說出為什麼沒法準時回家的真正理由。要發掘孩子的正面行為並不容易，在你排除有害的想法之前，你甚至需要學習期待孩子的負面行為。

對於不得不必須先忽略孩子的正面行為的情況，不要太難過。我在老板與員工、丈夫與妻子、兄弟姊妹等關係上，見過許多過度聚焦在對方的負面行為的例子。想想看，當你的老板叫你進他的辦公室時，你的第一個反應通常不是：「我要被誇獎了」，而是「完了，完了，我是不是做錯了什麼？」

行為偏差的孩子早就知道負面行為能讓他得到關注，所以，他會用沒意義的話跟你吵，也會用力甩門，或跟兄弟姊妹吵架，或是用其他可以引起你注意的方式，讓你對他另眼相看。有一位十七歲的女生以自殺來引起父母的關注。幸運的是，在接受輔導之後，這位女生與父母親逐漸彼此了解，而且關係也比以前更密切。她之所以會用自殺作為手段，是因為那是唯一能讓她的父母特別關注她的方法。

你的孩子可能不自覺他的行為之所以會偏差是為了讓父母更關注他。就算他知道好了，但孩子並不總是理性的，他們只是擅長找到會吸引你關注他的方法，而這正是孩子最想要的。大部分的父母很難接受是因為自己把焦點放在孩子的不當行為上，才會造成孩子不乖的事實，因為這聽起來實在很不合邏輯。一位我曾輔導過、備受困擾的母親就說：「為什麼香黛兒想讓我對她咆哮呢？」、「為什麼從學校走路回家和打招呼，或甚至被置之不理更好呢？」

孩子會做出引起負面關注的行為，是因為只要那麼做，你馬上就會特別關注他的反應。此外，孩子內心深處可能也渴望，如果你會因此而覺得難受的話，也許就會跟他道歉，然後他就會感覺良好。當然，你對孩子的有害想法排除越多時，上述的情形就會越少發生。不過，請你牢牢記住，即使你已經盡全力排除對孩子的有害想法了，但是孩子畢竟是孩子，他還在成長中，成熟度還是不足。所以，當你的孩子還是做出不當行為時，請記住，那是孩子還不成熟所致，無須為這種事不高興。

孩子容易衝動，而且，會說溜嘴說出傷害別人的話。我完全贊同孩子要為自己的不當行為和不尊重父母負起責任。同時，如果你能將孩子的好壞行為分清楚，並且能更注意他們的正面行為，那麼，你與孩子間的關係就會更加和諧。當你越能減輕過度的情緒反應，孩子的過度反應也將隨之減少。因此，你減少對孩子的有害想法，正是更邁向正確方向的一大步。

鼓勵孩子並非在賄賂

許多父母遇上孩子表現出偏差行為時，都很不樂意給予孩子正面的關注和鼓勵。有些父母認為：「我不應該用賄賂來鼓勵孩子表現出正面的行為。」的確，這些父母又陷入「應該」如何的有害想法的陷阱，混淆了獎勵和賄賂的不同。

當許多父母堅持獎勵無法鼓勵行為偏差的孩子表現出正面行為時，他們到底是用獎勵來阻止孩子不好的行為，還是把獎勵當作鼓勵孩子正當行為的方法？我的女兒上小學時，我看到有位母親想透過以下的話，來哄騙那個既愛哭又愛黏著她的孩子：「如果你不哭的話，等一下我就帶你去吃冰淇淋。」這是賄賂，並不是正增強的作法。雖然我完全明白為什麼父母會這麼做——因為在公共場合帶著一個無法控制的小孩，真的是既不自在又尷尬——但這種獎勵是賄賂，而且完全沒有用。

用這種方式鼓勵孩子，問題出在孩子會了解到當他在學校裡哭了的話，只要一不哭，就會有冰淇淋吃。當孩子做出負面行為卻會得到獎勵時，你家的青少年很快就會了解到，如果他的房間一直都很亂，只要他一整理乾淨，就會得到獎勵，無論這個獎勵是去購物中心或是可以玩電動遊戲。

由於正面鼓勵是伴隨著獎勵——無論是言語上或非言語上——而來，有時父母會混淆了「獎勵」或「寵壞」的差異。朱爾斯是貝利的爸爸，貝利是個十二歲的大男生。最近朱爾斯問我：「你知道的，貝利的態度還是讓我覺得很討厭。可是現在你告訴我要順著他，多多重視他平常的所作所為。可是，我覺得他是被寵壞了，他期待著我要一直給他獎勵。

這是一個很好的問題，我自己也常常從家有行為偏差孩子的父母口中聽到這個問題。我請朱爾斯花點時間想想自己的作法，有時家有行為偏差孩子的父母需要提醒自己這麼做。

傑佛瑞：「我看到你穿著高爾夫球衫，你喜歡打高爾夫球嗎？」

朱爾斯：「對，這是我發洩的方式。我希望一個星期至少能去打一次球。」

傑佛瑞：「所以，在冗長單調的工作之餘，你藉著打高爾夫球來獎勵自己方式，也可以幫你解除壓力？」

朱爾斯：「沒錯。我就是這麼想。你的重點是？」

傑佛瑞：「所以，你會繼續打高爾夫球，不管發生什麼事？」

朱爾斯：「當然，打高爾夫球讓我覺得很棒，就算是有些事情並不順遂。」

傑佛瑞：「所以你是說，你認為打高爾夫對你來說是一件很棒的事，即使你跟貝利相處不好的時候。」

朱爾斯：「答對了，運動的結果很值得。」

傑佛瑞：「朱爾斯，看來去打高爾夫球是你給自己打拚事業與當父親的一種獎勵。但是，肯定不是為了使你的生活能夠順遂的一種賄賂。」

朱爾斯：「很好，我想你的意思是，去打高爾夫球是讓我自己感覺很棒的一種方法。是的，我想這就是你所謂正增強的作法，雖然我離完美還有一段距離。可是，這樣是不公平的，不要管貝利壞的要命的脾氣，只管自己是不是有更用心、更正面地對待他，並大力幫助他。」

朱爾斯完全掌握了重點。在這個世界裡，大多數的人每天都得上班，準時進辦公室、努力工作，然後得到薪水獎勵，這不是拿薪水來賄賂你或寵壞你。每個人都因努力工作而獲得應得到的薪水。此外，無論在哪裡，只要你友善待人，別人也會友善以報，獎勵你。我想說的是，這裡提到的「獎勵」，不僅感覺很棒，還是增強你表示出良好行為的機會。這些都是正增強發揮作用的例子。

另外，接下來，我要告訴你獎勵不是絕對需要的，也不見得非得是實質的物品。事實上，父母能給孩子最棒的獎勵很簡單，完全不用花一毛錢，而且是隨手可得，那就是言語上的讚美。

這一類的口頭讚美，就像家長跟孩子這麼說：「今天早上我真以你為榮。不但沒有哭，也沒有黏著媽媽，就自己去上學了，你真的好勇敢。」；或是這麼說：

「你妹妹番到令人抓狂，可是你竟然可以都不理她。你真的好棒，我好欣賞你這樣。」」；或是這麼說：「你出門前，我要你把自己的房間打掃乾淨，結果，你這麼快就做好了，真厲害。」

對孩子別有過高期望

有些父母會因為自己對孩子的期望過高，而極力克制獎勵孩子的慾望。在此，我要大聲疾呼，這是不可避免的，父母本來就會鼓勵孩子努力往充滿挑戰和合理的目標前進。但父母親對孩子的期待過度僵化且超出他的能力，久而久之，孩子就會感到洩氣，終至一事無成。換言之，孩子會失去努力的動機。

我第一次見到十七歲的拉菲爾時，他因為覺得自己達不到父母的期望而自覺無能。去年夏天，拉菲爾在費城酒店當門房，也在某家著名餐廳兼職當侍者，整個夏天下來，他賺了六千美元，但他的父母卻希望他能賺到七千五百美元，以補貼他上大學的學費。拉菲爾的父親路易士是位財務規劃師，母親諾貝達是某間醫院的急診醫師。雖然我不是會計師，但是，很顯然他們家的財務狀況並不窘困。

路易士和諾貝達兩人都跟我抱怨他並沒有完全發揮能力，並質疑他們的孩子為什麼不能多賺一千五百美元。當我與拉菲爾獨處時，拉菲爾說去年他的大姊拿到某家長春藤大學的全額獎學金。做事很努力但不優秀學生的拉菲爾，總覺得自己什麼事都做不好。

剛開始時，拉菲爾並不願對他的父母坦承自己的感受。我在進行心理輔導的時候，問了拉菲爾的父母是否以他們的兒子為榮，他們回答：「當然。」，但是，拉菲爾卻壓根不相信他的父母所言。至此，他才告訴父母親他的感受。

路易士和諾貝達聽到孩子這麼說，開始哭了起來，這時他們才了解到自己在拉菲爾的失望感受中，扮演了多關鍵的角色。同時，他們也開始意識到拉菲爾始終很努力地追趕其他家人的能力和成就。

經過促膝長談，路易士和諾貝達馬上決定調整他們對拉菲爾的期待，並維持在比較合乎實際的程度。當路易士和諾貝達告訴兒子拉菲爾說，他們對他最近竟然可以在這麼困難的化學考試中拿到C+的成績感到非常驕傲時，拉菲爾驚訝得說不出話來。化學向來是拉菲爾最不拿手的科目，當他聽見自己每次都被大肆批評的化學竟然得到爸媽的誇獎，他頓時覺得如釋重擔，甚至，更有動機想學好化學。

適當的言語讚美是最好的獎勵

言語的讚美不是在商店能買得到的獎勵，它不用半毛錢但這對孩子來說，這比拿到玩具更有意義。正如前文所述，獎勵對拉菲爾是他最想要的一切。當這並不是說，給予聽話的孩子一些其他的獎勵方式，譬如送他電動遊戲機、新玩具、糖果是不適當或不對的方式。在某些情況下，這些實質的鼓勵對行為偏差的孩子來說，對於鼓勵他之後能做出正面行為是適當而且有效的。

我從未見過任何小孩或大人不希望自己的爸媽說：「我們真以你為榮」或是「我們真的很欣賞你願意花那麼多的時間做這件事」。不論年紀多大或多小，我們都很渴望父母的認同。所以，對你的孩子而言，你一直都是具有重大影響力的人現在如此，未來亦復是。你的讚美是很有力量的，不管孩子只有九個月大，還是九歲或二十九歲，他永遠都希望你能以他為傲。

如何用言語讚美孩子

這是很重要的一點，當你讚美孩子時，要確定你的讚美是有意義的。當你在讚美孩子的時候，請務必將謹記以下幾點於心：

1. 做就對了。我算是很不吝於讚美孩子的人了，不過，以前我也都會在讚美孩子前再三思考是否有在正確的時間裡、針對正確的事情來讚美孩子，但現在，我的建議是不要考慮太多，先做就對了。有些父母很害怕萬一太常讚美孩子，反而會招致孩子對讚美的反感。其實只要是真心誠意的，就算每天都讚美，也不會造成對孩子的過度讚美。（請參見表9.1，可作為你讚美孩子時的參考。）

2. 誠意最重要。即使是行為偏差的孩子自以為與你地位相同，但有時他們還是會有自殘形穢之感。大多數我輔導過的行為偏差孩子都不相信父母會真心讚美他們，他們認為父母的讚美都不是發自真心。要做到真心讚美孩子，就是要發自內心地說出來。我最近聽到一位父親告訴十四歲大的女兒：「你竟然能拒絕朋友的誘惑不抽煙，真的讓我很為你感到驕傲。」這個女兒知道父親很在意這件事，所以，她相信父親的讚美是很有意義的。

3. 讚美要具體。讚美的內容更具體，才會讓孩子覺得更真誠，也更有效力。用具體的話讚美孩子，可以增加對他評價的誠意，也能幫助他正確地了解自己做了什麼正確的事。你可以告訴孩子說：「謝謝你說了『請』和『謝謝』」，這麼說能讓孩子了解自己正在做的事情是種正面行為。你這麼說，會比說：「你今天表現得很好」更有效。又譬如說：「謝謝你毫不抱怨地幫我把東西搬上搬下，真的讓我好高興」會比你說：「我很喜歡你在我們一起去購物時的表現」要來得更好。所以，記住，這一點很重要，讓孩子確實知道他這次所做的跟以前不同的地方何在，以及這次的行為為何會受到讚美。以下是一些表達讚美的範例：

「謝謝你主動把餐桌收拾乾淨。你的主動幫忙，讓我能夠專心清理廚櫃。」

「我真的很感激你能理解我沒辦法繼續讓你的朋友搭便車去上班的事情。」

4.少即是多。許多父母雖然是好意，但卻常常把話說得太多。即使如我，也曾經屢屢犯下這個錯誤。為了避免孩子覺得你不夠真誠，請用正面的方式來評價他，然後就停止別再說了。讚美不僅要說的少，更要說得更簡單，譬如：「你今天在店裡的表現真的很有耐心。」，就算她只是聳聳肩，表現出彎不在乎的樣子，你也別被她的裝模作樣給騙了。你不用為了強調而告訴她說：「孩子，今天換做是我，也沒辦法應付得跟你一樣好。」。只要誠心的讚美，她都會聽得到，而且，這些讚美之詞也會讓她感受很好。請相信正面讚美的力量，盡力發揮吧！

5.越快讚美越好。在你看到孩子做出正面的行為時，要儘快讚美他。你拖得越久才讚美他，越會影響孩子往後再做出這種行為的欲望和動機。當然，有時你可能錯過了讚美孩子的黃金時間，特別是你剛開始運用這種技巧時。不過，你還是可以告訴他：「我是認真的，我有注意到今天你陪弟弟一起玩玩具，你真的很體貼。」

6.讚美要多樣化且隨機。讚美孩子時，請避免每次都用同樣的詞。讚美的內容越多樣化，就越能打動孩子的心。心理學家史金納博士建議父母，利用讚美之詞敦促孩子做功課、學習才藝。口頭的讚美很重要，但也不要忘記事實給予實質的讚美，例如送孩子想要已久的CD，或期待已久的甲玩，這些作法都具有助長正面行為的效果。請花一分鐘思考以下的情形：如果有人每天經過你的面前用同樣的語調和方式跟你說：「嗨！」，你可能很容易忽略對方正在和你打招呼。但如果對方是用更活潑的方式，或是詢問你一些問題，你反而會注意到他。同理，如果你的孩子做了什麼不錯的事，而你每次都只會說：「做得好」，久而久之，你的讚美就會逐漸失去了意義，孩子會覺得你只是隨口說說，不具意義。事實上，還真的是這樣。每次都用不同的讚美之詞，會讓孩子認為你的讚美是真心的，自然樂於接受。

表9.1 值得讚美和獎勵的行為

結交新朋友	幫助別人	有彈性	可解決衝突
整理床鋪	不打擾別人	不打斷別人談話	有幽默感
跟別人一起玩玩具	態度良好	開始做功課	把功課做完
尋求協助	輕聲細語	緩步慢行不蹦跳	會道歉
尋求協助	輕聲細語	緩步慢行不蹦跳	會道歉

上表顯示的是孩子值得讚美的正面行為。請把這張圖表影印下來，並放在容易看得到的地方。隨時拿這張圖表來提醒自己，作為獎勵孩子正面行為的參考。至於後面的空白欄位，則留給你記錄孩子具體的正面行為。

如何有效運用其他的獎勵方法

雖然我認為讚美是父母對孩子最好、最基本的獎勵方式，但是，有時若能搭配其他的獎勵方式，也可以進一步鼓勵孩子表現得更好。也許是一個新玩偶、一瓶指甲油、一張遊戲光碟或是一件衣服，都能讓孩子更有意願表現良好，而他所表現出來的良好行為，往往也會出乎你的意料之外。

前文中提到的著名的心理學家史金納博士。他的正增強理論相當複雜，但是，有兩項主要結論十分適用於你目前的情況。首先，史金納博士認為透過獎勵能控制行為；其次，當我們不知道獎勵的內容或何時會有獎勵時，我們就會有更強烈的動機。這也是為什麼孩子喜歡驚奇箱，以及大人喜歡賭博的原因。

當你給孩子非言語的獎勵時，請遵照以下五個步驟。

步驟一：記住，必要參與孩子的活動。最好的獎勵就是滿足孩子最真誠的欲望。請孩子坐在你的身旁，一起檢視表9.2或表9.3。請你與孩子一起針對問題思考答

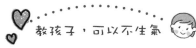

案，並確定是否雙方都同意使用。這樣才會讓孩子追尋的目標。

步驟二：請不要用非言語的獎勵代替言語的獎勵。當你的孩子表現出強力的正面改變或是成就時，例如成為模範生，或在很困難的考試中獲得B（甚至是C+）的成績，或是連續兩個星期都不跟弟弟吵架等，你可以搭配其他獎勵方式來補強口頭讚美的力道。譬如許多小孩都很喜歡拿到獎勵糖果。

圖9.2 **學齡前／念小學的孩子的獎勵建議**

玩泥巴或彩色黏土	可單獨出門或跟爸媽一起出門	幫忙計劃白天的工作
幫忙做家事	多點時間在澡盆玩	跟爸媽一起騎腳踏車
吃冰淇淋	跟朋友玩遊戲	幫忙餵食寵物
去公園玩	玩沙堆	允許吵雜
跟爸媽一起玩跳棋	去圖書館	用蠟筆畫圖
跳彈簧床	去院子裡玩	玩電腦或上網
晚點睡覺	去動物園玩	看影片
閱讀	騎在爸爸的肩上	去外面吃飯

表9.3 前青春期／青少年的獎勵建議

延長講電話聊天的時間	和朋友一起消磨時間	允許孩子來一趟安全的獨自旅行
允許打工	找一天給他開車上學	可以晚一點回家
給孩子零用錢買東西	給孩子一個驚奇	去遊樂園玩
讓孩子跟朋友去逛街購物	讓他邀朋友一起去外面吃飯	周末時，可以晚一點睡覺
幫孩子開立銀行帳戶	訂一份雜誌	全家一起上館子時，他可以自己坐
幫孩子和朋友去看電影	玩電玩	看影片
玩音響	讓他把頭髮留長或設計個特別的髮型	玩滑板
裝飾自己的房間	與朋友一起去參加活動	參加夏令電腦營

步驟三：獎勵內容必須符合孩子的喜好，也合乎健康。拿糖果或冰淇淋作獎勵當然很輕鬆，但是吃太多糖，會讓孩子變成小胖子，實在很不健康。所以，如果對孩子的喜好能多多了解的話，會很有幫助的。譬如，延長看電視的時間、煲電話粥的特權、和朋友在外面過夜、周末去購物中心玩，這些都是孩子會喜歡的獎勵，甚至會視之為莫大的優惠。

步驟四：獎勵應根據良好的行為。為避免賄賂孩子之嫌，請在孩子做完你要他做的事情之後再獎勵他。

步驟五：不要忘了獎勵也需要標準前後一致。很多父母很擔心處罰的標準是否前後一致，卻不擔心獎勵標準是否前後一致。如果你已經是先告訴過孩子要獎勵他，你要確定一定要說到做到。你恐怕無法置信，竟然有這麼多的父母會在答應孩子之後卻食言而肥，但當孩子不遵守諾言時，自己卻氣得要死。請看看前面二張所列的獎勵建議，那都是很基本的並不特別，也許你可以從這些項目去聯想更多的獎勵方式。

別忘了注意孩子的努力

雖然我們談了很多孩子的行為和成就，然而孩子的努力也同樣重要。我曾與許多童年時期缺少父母親鼓勵的家長深談過，即使已經成長並建立家庭，他們還是備受缺少鼓勵之苦。雖然我們一直再談讚美及其他獎勵方式是正增強的有力工具，但是，我也要強調鼓勵的重要性。鼓勵的重點著眼於孩子自身的努力，讚美的重點則在結果，兩者對於增加孩子的正面行為都很有幫助。為了幫助你更有效鼓勵孩子，請試試以下的方法：

1. **接納孩子**。在前文拉菲爾的例子中，我們發現成就卓越的家長有時會有意或無意間傳遞出他們認為孩子應表現出與父母相同的水準。其實，每個孩子都需要有歸屬感，感覺自己是被接納和被需要的，尤其是被自己的父母所接納。父母有條件地接納孩子，或是因為孩子的成就才接納孩子，都會傷害孩子的自尊心。

2. **對孩子要有信心**。所有的孩子都有學習的能力，即使有些孩子可能需要比其他孩子更多的學習時間，才能掌握某些概念或技巧。當孩子遭遇挫折或打擊時，如果你對他表現出充沛的信心，則可以幫助他繼續往前邁進；你對孩子的未來有信心，你相信他的作為必定會對他的人生有助益等等，對孩子而言都是莫大的鼓勵。你對孩子是否有信心，會造成孩子究竟是成功或是失敗有天差地別的結果。對孩子有信心，必須是真的相信孩子有能力會成功。如果你對孩子沒信心，那麼他也會極力證實你的懷疑，正如她也會質疑自己確實如你所認定的沒有能力。

3.尋找過去成功的例子，鼓勵孩子邁出下一步。過去的成功經驗有助於我們做得更好。基於過去的成功經驗，面對新挑戰時，我們會擁有更強烈的成功動機。但行為偏差的孩子因為慣於忽略自己過去曾有的成就而缺少向善的動機，你不妨以冷靜、堅定和非掌握的態度提醒孩子，他過去曾做過哪些很棒的事，藉此鼓勵他。以下就是一個很好的範例：「你去年在數學方面真的很用功。特別在你已經想放棄的時候還能有那樣的成績，真的很了不起，因為數學真的不容易。我知道你現在可能又想放棄，但別忘了過去你曾經克服過它的。」

4.把困難的工作切割成幾個小部分。把困難的工作切割成幾個部分，做起來會比較有效果，這麼做可以幫助孩子放鬆精神和情緒，避免過度反應。行為偏差的孩子往往也較缺乏彈性，所以，當他們遇上困難時，很容易就會被擊垮。以下的例子即在說明，在孩子面對困難挑戰時，你如何透過鼓勵的言語來減輕他的壓力。範例如下：「我知道今天的作業比平常還要多些。可是我敢說，如果把作業分成幾個部分，一部分一部分來做的話，應該會容易的多。」

讓對孩子的喜歡表示出來

這本書書名所指涉精神內涵，是非常重要的，我們不只要提醒自己要愛孩子，更要喜歡我們的孩子，並盡己所能地透過言語和行為，讓孩子知道你很愛他、很喜歡他、很重視他，這真的很重要。現在你已經學習到不少教養技巧，也大大減少了對孩子的有害想法，那麼，請更盡可能的開放自己，更不設限地接受各種方法。以下這些表達方式，一定更能深深打動孩子的心。

- 「我好喜歡聽你的笑聲。」
- 「跟你一起逛街購物，我真的感覺好快樂。」
- 「我知道你對自己落選上球隊很失望，可是你已經盡力了，這重要的一點。」
- 「你對音樂這麼投入，我覺得好棒。」

掌握以下這些建議，對孩子將更具有鼓勵和支持的作用：

- 勇於表現你對孩子的了解與愛。
- 對孩子要有耐心，並且了解孩子所犯的錯誤與暫時的退步。
- 不要在別人面前批評孩子。
- 每天找出一段時間專心傾聽孩子說話，也多跟孩子聊天，表現出你對他們的任何活動都很感興趣。

- 不要怕撫慰、擁抱和親親孩子。
- 請讓孩子知道無論發生任何事情，你都永遠愛他們。

讓正增強助你一臂之力

到目前為止，本書的重點，在於介紹為人父母者如何促進孩子的自尊和心理健康的技巧。想想看，你在教養子女上花了多少心思和精神！而現在你學會了更有效的教養技巧，父母的角色越做越好，也為自己的努力自豪，甚至該為你如此盡心盡力而記大功一筆。你對自己的感覺越好，孩子的自我感受也會跟著越好。以下的「給身為父母的你一點掌聲」這部分，將確認你在教養工作方面的努力。

給身為父母的你一點掌聲

請仔細檢視以下有關正面行為的清單，並勾選你做過的項目。

□訓練孩子自己上廁所　□觀賞運動比賽　□烹飪　□參加某項運動

□讓孩子接觸宗教信仰　□幫孩子挑選衣服　□替孩子洗澡　□教孩子繫鞋帶

□教孩子讀書識字　□協助孩子做功課　□帶孩子去和其他小朋友一起玩

□晚上念故事給孩子聽　□參加家長會　□帶孩子去打保齡球

□帶孩子在外面過夜　□表達關懷　□參加學校音樂會　□參加運動會
□表達愛意　□幫家裡布置節日裝飾
□聆聽孩子敘述一天的生活　□即使孩子很叛逆，但你仍然愛他

無論你勾選了多少項目，你都是值得驕傲的。下文中，將討論自己和你自己說話（即自我對話），在你自認為很棒或錯誤的事情中，扮演了多重要的角色。

為人父母的正面自我對話

第二章裡，我曾介紹自我對話的概念。自我對話就是你在心裡跟自己說話，不管你我都會這麼做。此外，我們也學習過如何克服對孩子的有害想法。記住，你的想法會影響你對孩子的觀感，同時，也會影響你的行為。負面的自我對話，像是「我真不該成為父母」或是「我好絕望」，都會降低你的自信心，因此自我對話，要盡可能正面。當自我對話的內容很正面時，你會比較冷靜且輕鬆。舉例來說，如果你這樣告訴自己：「我覺得自己把這場衝突處裡的很好。」或「我很高興沒有咆哮。」，這就是在讚美自己，這樣會讓你覺得壓力比較小。

同理，如果你心裡想的都是自己曾為孩子做過的正面事情，那麼你就會對自己

在教養方面的努力感覺較好。我也要提醒你特別注意，負面的自我對話。像是：

- 「我是個很平庸的爸爸。」
- 「我是個沒有耐性的媽媽。」
- 「我連一點自己的時間都沒有。」
- 「每個人都在跟我要、要、要，可是從來都沒有人給我任何東西。」

正如我在前文中提到的，當做父母的人對孩子抱著負面想法或以負面態度對待孩子時，連他們自己都會有羞愧感。面對這些扭曲的想法，要保持警覺之心，而這些想法也顯示你不合理地苛待自己。這些扭曲了的想法一點好處也沒有，只會讓你覺得被擊倒，並且精疲力竭。

所以，你要把用來排除你對孩子的有害想法的方法，同樣也用在消除對自己的有害想法上。

請參考以下對抗想法的範例：

「我是個差勁的父母。」（其實我很慈祥，只是因為壓力讓我不知所措。）

「我知道應該更好。」（我要鼓勵自己，不要老是想著應該如何如何。）

「沒有人像我這樣當父母當得這麼辛苦的。」（顯然這本書並不適合我。）

「事情沒那麼輕鬆。」（當我想到也有很輕鬆的時刻，我就覺得真好。）

「我的孩子跟別的孩子一樣不守規矩。」（其實不然，就算真的有不守規矩，我現在要做的不就是幫助他少受一些痛苦。）

你可能還記得在我在討論「貼標籤」時曾指出：如果你給孩子貼上負面標籤，你的孩子就會真的變成那樣。同樣的，「貼標籤」這種情形也適合於你。在面對挫折或問題時，拋棄作為父母的身分，只會讓問題惡化，也會削減了之前所做的努力和改變。這種負面的想法會影響父母撒手不管孩子和放棄孩子。

一位對自己及有嚴重偏差行為的女兒間的衝突簡直束手無策的家長以「連鐵達尼號撞上冰山都得丟棄家具避免沉船」來比喻他「為什麼要費心嘗試」，努力消解橫亙於他與女兒間的冰層。他的比喻真的很深刻。也幸好他的船沒有沉沒，他與女兒的努力，讓他們克服了彼此間的問題，即使有時仍會遇上風浪洶湧的海域但不影響良好的親子關係。

只要你不再用負面的想法來思考自己以及身為家長的的責任，你就會覺得好過許多。以下是針對負面的自我對話的另類想法。我希望你從積極的另類想法中，選出與你身為父母的心聲相符應的話語。然後，為了你自己好，請站在鏡子前面，並對自己說出那些另類想法的話語。你要大聲而自豪地說出來。我知道這麼做好像很老套，但這麼做，真的會讓你感動。每次我們站在鏡子前面時，都是為了整理儀容，檢查髮型、衣著，從未真正的檢視自己。我建議你這回要好好的看看自己，要看得更深入、更仔細。當你對著鏡子裡的人說話時，記住，都是在對著自己。

以下即是針對負面想法而發的積極的另類想法：

- 「要以冷靜、堅定和非掌控的態度來制定生活規矩，即使孩子沒辦法馬上就能遵守也沒關係。」
- 「即使犯了錯，我還是可以盡力當個好媽媽。」
- 「我可以幫自己留點空檔，這沒什麼好有罪惡感的。」
- 「我是個好爸爸/好媽媽。」
- 「我可能犯了錯，但這無損於我的個人價值。」
- 「這是個好機會，我可以教孩子一點新東西。」
- 「我只想一次做一件事，而且是做我做得到的事。」
- 「保持冷靜和不掌控的態度，讓我把注意力放在問題上，而不過度反應。」
- 「雖然今天我不小心叫出來，但並不表示我下次還會這樣。」
- 「我可以明智地選擇哪些事要堅持、哪些事不要堅持，以免孩子選擇對抗。」
- 「我並沒有感到絕望無助。需要的話，我有朋友和各種資源可以當靠山。」
- 「往大方向看，這真的沒什麼了不起的。」

給自己一些實質的獎勵

不要忘了每隔一段時間就給自己一點物質上的獎勵。畢竟，父母職真的是很辛苦的工作。你不妨這樣想：透過給自己一點獎勵，等於是把更好的自己送給孩子。

也許你會喜歡以下幾個獎勵自己的方式：

- 修指甲
- 洗個舒服的澡
- 買本新書或雜誌
- 外出用餐
- 去聽場有趣的演講
- 運動
- 時時探索心靈
- 重回校園，選修一門成人課程。
- 買套新衣服
- 閱讀一本你很感興趣的書
- 蒔花養草
- 攀岩
- 與朋友一起去做些好玩的事
- 努力經營你的婚姻關係
- 集資投資或合購彩券，按比例分紅。
- 打打保齡球
- 玩玩牌
- 做做拼布
- 參加社區的運動社團
- 騎腳踏車
- 在附近走散個長步，或健走。
- 參加瑜加課程
- 來趟史跡或博物館之旅
- 把孩子托給保母或親友，獨自或與另一伴或朋友到外面過夜或度周末。

結語

現在你已經學到讚美的力量，以及其他能增強孩子正面行為的獎勵方法。請記住以下幾個重點，它們均能增強孩子的正面行為：

- **以正確的態度讚美孩子，將能明顯增強孩子的正面行為。**
- **增加孩子的正面行為，可以減少孩子表現偏差行為的頻率。**
- **獎勵可結合讚美一起使用，以增加孩子的正面行為。**
- **鼓勵孩子的努力，並自由地表達你對孩子的喜歡和愛，是很重要的。**
- **增強正面教養孩子的努力與行動，對你或孩子都非常重要。**

第10天

永遠喜歡自己鍾愛的孩子

恭喜你即將完成本課程！現在你已經知道要如何克服有害的想法，也不再受到父母親挫折感症候群的困擾。消除有害想法之後，你在教養子女上必然更得心應手。是的，教養工作需要你的用心努力，但更重要的是你要為自己的教養觀念、行為與情緒負起責任。就像著名的納粹集中營劫後餘生作家兼精神科醫生維克多・弗蘭克所說：「人類最後的自由是在既有的情況下，選擇自己的道路。」

當你如此地喜歡著自己鍾愛的孩子時，我希望你也由衷地對自己的進步感覺很棒。值此你與孩子間的關係大有改善之際，也讓我們迅速地回顧一下截至目前為止，你所學到的幾項重點：

- 你發現在教養孩子上，方面你對孩子可能抱持著九種有害的想法，同時，你也知道這九種有害想法如何造成你的「父母親挫折感症候群」。

・你也學到如何放鬆自己與讓自己舒服的寶貴技巧，這些技巧對消除你對孩子的有害想法大有幫助。

・你已能夠在對孩子萌發有害想法的同時，立即注意到它的存在。

・你已清楚明白應該如何創造與使用另類的想法，並藉此消除有害的想法。

・你已學習到「合作的必要的處罰」的力量。

・你越來越熟練使用正面鼓勵的方法，讓孩子和你能向正向邁進，力求改善。

就在我撰寫最後這一章的時候，有一次在一家大型購物中心遇到一位十五歲的年輕人喬許。喬許大聲叫我：「嗨，傑佛瑞博士。」我以前曾輔導喬許的父母親。當我走向喬許和他媽媽時，喬許抱著媽媽對我說：「嗨，你從沒想過我會在公開場合裡和媽媽這樣的摟摟抱抱吧？對不對？」我笑著回答：「喬許，你父母曾經也很怕帶著你一起出現在公開場所？是吧？」我們都開懷大笑，一起陶醉在這麼美好的的大轉變裡，喬許的父母為孩子打開了通道，讓他得以跟進。

我必須很高興地說，我也利用過相同的策略轉變了自己身為父母親的歲月。當我學會改變自己的觀點與教養方式時，我與孩子間的關係也跟著進步了。我並不是完美的父親，也有許多有待努力的地方，可是，我很感謝在生活上做了這些改變。

我們每個人都需要不斷地努力，磨練增強身為父母的教養技巧。我在第五章中曾提到，父母要留意自己對孩子的想法，就像要天天洗澡一樣，你最好天天隨時用心留意孩子的想法。你可以從這本書中學習到各種教養策略，最好也照著書中建議去執行。我保證只要堅持下去，將有助於親子間的感情愈趨美好，彼此間的和諧程度也會超乎你所想像的。

接納不斷的挑戰

要擺脫有害的想法需要不斷地訓練和努力。不過，當你越能消除有害的想法，就越能擺脫那些有害的想法。只要你的教養技巧還沒達到出神入化的境界，就還有很多需要努力的地方。你也知道，你越想要消除有害的想法，你的孩子越是會用各種令你氣結的方式來測試你。這是為什麼呢？因為你的孩子受到不健康的想法、情緒和行為的影響，即使你現在已經能夠盡量維持情緒平穩，而且你的孩子也注意到這一點，但你的孩子可能仍無法接受你已經不再是以前那個深受有害想法荼毒或已經擺脫大部分有害想法的父母，所以，你的孩子當然想利用一些「測試方法」，來檢視你是否真的改變，改用更聰明的態度來處理親子關係。因此，你對孩子的期待既要保持正面又要符合實際狀況，即使孩子大發脾氣也請不要放棄。如果你能堅持下去並不斷應用學習過的所有教養技巧，那麼你的孩子就會往正確的方向前進。

珍惜挫敗的經驗

請牢記，你的目的並不是要當個完美的父母。所以，你要了解挫敗與倒退是無可避免的事，而且發生的當下似乎也都不是能被輕易忽視的小問題。因此，未來某天，當你突然對孩子產生有害的想法，或是一直對孩子抱持著有害想法時，都不能讓自己的情緒太低落。借用著名電影《洛基》裡一段發人深省的話：「真正重要的，不是你的拳有多重，而是你能承受多重的拳，然後繼續前進。」在此，要指出的是，身為父母的你要有不屈不撓的精神。直到今天，即使是我，仍必須努力克服自己的有害想法，當我發現自己深陷其中時，我會在找到和處理了這個有害的想法後，好好地犒賞自己。我希望你也能以同樣的態度應付那些有害的想法。

父母不會故意對孩子生出有害的想法。父母對孩子的有害想法，通常是因為迅速竄起、令人措手不及的壓力所造成的。譬如，孩子打翻了果汁、灑了滿桌，或是沒把食物密封好、隨手放回食物櫃，以致翻落灑了滿地的食物，此時你將很難抗拒對孩子生出有害的想法。請記得，要把瞬間出沒的危機當作考驗自己是否冷靜自持的機會，而不要像個神智不清的呆子一樣。

談起過去面臨的危機以及對孩子生出種種有害想法的過去，讓我想起多年前帶著孩子去露營的往事。當初我迫切希望藉著難得的家庭露營給孩子留下美好的回憶，所以，即使出發時已經飄起濛濛細雨，我也不在乎，可惜的是，當我們把帳棚架起來之後，小雨就變成了傾盆大雨。不過，當時我們都已經很安全地窩在帳棚裡了，所以沒有什麼好擔心的，是吧？

其實不然，平靜只維持了很短暫的時間，其中一個孩子就發現帳棚內有一隻可怕的蜘蛛，頓時，三個小孩同聲尖叫，老大當下就往外逃，可是她的頭髮卻被帳棚的拉鏈鉤住了；而老么則呆在原地、雙手上舉，一副隨時可能發生意外的模樣。短短的一分鐘裡，一陣兵荒馬亂，我突然發覺自己對孩子產生了有害的想法——現場亂成一團、雞飛狗跳地，想必看在營區裡其他人的眼中，真的是糗大了。當時大女兒的頭髮被帳棚的拉鏈鉤住，大伙兒又都搶著往外跑，從外面看，我們的帳棚不停地上下擺動著，真的很報笑。這一幕，直到今天都是很美好的回憶，但在事情發生的當下，可是一點也不美好。

我覺得最滿意的是，在那樣的情形下，我還能保持冷靜，沒有躁動不安。當時一片混亂，想要擺脫有害的想法並不容易。不過，露營期間能保持冷靜的態度，絕非表示我就此之後一直都是「冷靜先生」，頂多是說我奠下很紮實的基礎，很努力地要做個有耐心的父母。可是，當我遇上另一件事時，我的表現就沒有那麼優雅了。當時，孩子們在家裡面玩球，球掉到桌上並砸翻了盛著紅色油漆的調色盤。雖然我沒有親眼目睹整個事件，但我一回到家，老么就很勇敢地來到我面前，告訴我整件事情的經過。當我知道費盡千辛萬苦才剛漆上白漆的牆整個被紅漆潑灑到時，眼前瞬間整片紅。我想孩子們永遠不會忘記那十分鐘裡，他們的老爸有多麼暴跳如雷，回想起來，我也覺得那樣是錯誤的，但在，眼見整片白牆被染上整片紅時，我直想乾脆挪出三十分鐘讓人參觀，然後將房子出售。我發現自己得了非常嚴重的「父母親挫折感症候群」，那一天，我對孩子充滿著有害的想法。

後來，我了解原來那些焦躁不安的表現，並非是我想給別人看到的父母形象。幸運的是，那是一次值得學習的機會，而且，我也繼續努力控制有害的想法和壞脾氣。因此，我也要鼓勵你從挫敗與倒退中學習，並繼續向前邁進。

做個有「團隊精神的父母」

現在美國企業界、團體與運動界普遍都很重視團隊精神。具有團隊精神的人是指那些不會為了自己的需要和自我意識而竊取團體或組織利益的人。換言之，那些只會抱怨和破壞別人的人就是欠缺團隊精神的人，這種人將會帶來很多傷害。

你和你的孩子就是一個團隊，不要讓你的有害想法把你和孩子隔離開來，甚至損害了親子關係。父母親和孩子很容易為了家庭作業、手足爭執、學校問題、同儕關係、整理房間的問題而意見相左、衝突不斷，請記住，你和孩子是一個團隊，同在一條船上。

你的孩子很希望能獲得你的認同。孩子除了需要父母提供物質協助，更需要的是父母的認同與接納。即使孩子老是一付不甩你的模樣，但其實她很需要你喜歡她、愛她和了解她。她很想和你屬於同一個團隊，想要一起經歷所有的樂趣。

現在你是個很了解有害想法的父母，你知道忽視問題只會令問題更加惡化。做個有團隊精神的父母，即意味著你很願意和的孩子就不同的看法來溝通和討論。當你越想了解孩子的本性，你的孩子就越覺得你和她是一起的。你要努力試著和孩子的想法站在同一邊，而不是對抗孩子的想法。

自己要負起責任

本書有個特別的見解，亦即之前提過的記錄下自己的想法和情緒是非常重要的。一位接受過輔導的家長就指出，記錄下自己的想法和情緒，竟令他成為「可憐的靈魂」。他跟我說：「傑佛瑞博士，我想做的最後一件事就是透過日誌記錄來了解究竟是什麼原因，讓我對孩子這麼煩惱？」他一直等到事情難以收拾、非常生氣時，才願意採用較有建設性的方式去處理有害的想法和他的父母親挫折感症候群。

這位家長需要在情緒上採取一種比較負責任的方式。當做父母的人對於自己的想法和情緒越能負起責任，教養子女的工作也就越容易上手、越有效果。

將你的想法和情緒記錄下來，確實可以讓你成為實踐家，而不是一個只會空想不知行動的人。有趣的是，這位家長從小到大嘗試了好幾次減肥都不成功，直到他做日誌紀錄，記錄下每日的卡洛里攝取量之後，才減肥成功。自此，他也了解到原來掌控不健康的想法，就像記錄不健康的飲食一樣，對他的生活大有幫助。

本書隨後的附錄二，即「有害想法的記事本」，這裡所列出的記事表格可以直接影印使用，當然，你也可以採用自己設計的格式。隨書附錄的表格裡有三個欄位，第一欄是引發有害想法的導火線，第二欄是有害想法、第三欄是另類想法。不管你使用的是本書所列舉的格式，或是你自行設計的格式，只要開始將你的有害想法和比較理性的另類想法記錄下來，就表示開始進步了。同時，我也建議你將自己和孩子所發生的正面改變也一併記錄下來。這本「有害想法的記事本」不必很正式，或是紀錄得很詳細、很複雜，不管格式如何，只要能將你的想法和情緒，以及正面的突破和成功都記錄下來，那麼，就會對你有所幫助。

請記住，要多給自己和孩子一些時間，讓你們都能適應新的處理方式。隨時緊盯著自己的所有改變是進步的關鍵。請牢牢記住，這項工作必須長期持續。

多與人分享有效的方法

我想你現在應該很興奮，因為你已經學習到控制自己想法和情緒的有效方法。不過，事實上，也不是每個人都願意跟你一樣努力改變。有些父母可能還是選擇聚焦於孩子的偏差行為，他們不願意接受這種觀念——父母的有害想法對孩子的不當行為與親子關係影響重大。

雖然你、我和其他數以萬計的讀者都明白父母的有害想法是問題的核心，我仍不會建議你去跟這些被壓力壓得喘不過氣的父母解釋說明，或幫助他們明白這個道理。尤其是，這些父母絕不會相信原來是自己該為自己的想法和情緒負起責任，而不是孩子的問題。

即使真心話不受歡迎，但確實仍有不少家長會直言不諱。而你如果能與這些直言不諱的家長一起分享正確的觀點，你越能發現越是努力協助那些願意正視引起父母親挫折症候群的有害想法的父母，你就越能自我增強並強化擺脫有害想法的知識和技巧。記住，我們總是教導我們最需要學習的東西。

隨時保持喜悅和快樂

這一點很重要，我們要提醒自己盡可能喜歡與孩子在一起的時光。這是很嚴肅的現實，人生無法逆料，而且人生的歲月也比我們所想像的還短暫。

正如前文提到過的，我們都是備受祝福的人。我在第四章曾討論過悠然度假的樂趣。同樣的，請不要忘了日常生活中的趣事。你要讓孩子覺得每天都很有意義。生活中的各種大小趣事也都會變成珍貴的回憶。帶孩子去游泳時，讓孩子們在泳池安全地互相推擠嘻戲，也是一種樂趣。此外，一家人一起觀賞喜劇片，或是帶著正值青春期的孩子外出散步，也是充滿趣味又輕鬆的家庭娛樂活動。

當你越融入喜悅時，你就越能提醒自己從你的家人之中找到這些趣事。更棒的是，當你讓自己的生活充滿喜悅和快樂的同時，也會帶動其他父母和他們的孩子向你學習看齊，並追隨你的積極生活方式。

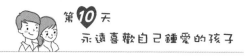

感謝

教孩子，可以不生氣！

對大部分的父母而言，愛孩子是很容易的事。但是，當孩子的行為發生偏差或不適當時，還要愛他們就不是一件容易的事。請記住，當孩子最不可愛的時候，就是父母親一定要最愛他們的時候；當孩子讓你最不喜歡的時候，就是你要學習最喜歡他們的時候。父母要打開心胸，找到新方法去了解孩子，並且與孩子建立良好的關係，尤其是與孩子的相處出現挫折時，更需要加油，無論如何你都需要勇氣。非常謝謝你這麼用功地看完這本書，而且開始自我傾聽自己的想法，你的努力真的讓我深感佩服。請你記住，你努力的目標在於力求進步，而不是要當個完美的父母。孩子可能讓你覺得非常辛苦，但也會讓你感覺獲得獎勵。你已經學到許多美妙的新觀念和策略，我希望你在運用這些觀念和策略時，也感到快樂和喜悅。

下一次，當你看到孩子時，請告訴他你是多麼地愛他、你是多麼地喜歡他。喜歡你所鍾愛的孩子，將讓你打開另一扇窗，你會更了解孩子，與孩子建立更好的關係，而你也將更愛你自己。

附錄

附錄一 介紹九種有害的想法

◎「逐漸發作的」有害想法：

1. **「總是或從來不」的陷阱**：指父母對自己的孩子的行為不是採取完全正面的態度就是採取完全負面態度的傾向。
2. **貼標籤**：這種情形是指父母對自己的孩子冠上負面的標籤，導致孩子很容易失去改善的動機，同時也抑制孩子做正面的改變。
3. **苛薄的諷刺**：父母親表現具有諷刺意味的有害想法時，說出口的都是帶著嘲諷與過度誇張的口吻，或是所陳述的內容與表現出來的口氣完全相反。

4. 疑神疑鬼：當父母對自己的孩子產生質疑或不信任時，往往會出現疑神疑鬼的傾向。諷刺的是，孩子越是覺得不被自己的父母所信任時，他們會變得越不可信賴。

5. 有害的否定：有害的否定，是一種非常特殊的有害想法的類型。這種有害的想法反應出父母對孩子表現出來的問題行為（偏差行為），一直抱持著否定的態度。

◎「突發性的」有害想法：

6. 過度情緒化：過度情緒化往往發生於父母自認為再也無法「處理（應付）」孩子的行為時。

7. 嚴厲苛責：父母在嚴厲苛責的有害想法的驅使下，輕蔑地指責孩子。

8.「你應該」如何的作法：老是對孩子說「你應該」如何怎樣的父母，將發現他們的孩子越來越疏遠、孤立、無法理解，並且老是氣充充的。

9. 妄言失敗的斷語：老是對子女妄下失敗斷語的父母，對孩子的未來行為與狀況往往也都是過度誇張的負面斷言。

附錄二 有害想法記錄簿

以下是「有害想法記錄簿」的範本，這種記錄簿是用來記錄你隨時產生的有害想法。在第一列裡，先舉例以供參考，協助你明白要如何寫下隨時產生的有害想法。切記，你必須找出對孩子有利的證據，藉以支持你的另類想法。

有害想法的導火線	有害想法的類型	另類想法
「我的女兒跟我頂嘴。」	「總是或從來不」的陷阱：「她從來不尊重我。」	「她遭受了挫折，才會把所有不滿的情緒都傾倒給我。這種情形七月二十四日前未發生過。我要提醒她，我實在不欣賞她說話的口氣，另外，我也要想辦法了解究竟是什麼事困擾著她。」

國家圖書館出版品預行編目資料

教孩子，可以不生氣〔全新修訂版〕/傑佛瑞・伯恩斯坦（Jeffrey Bernstein）著；鄭清榮譯. -- 初版. -- 臺北市：新手父母, 城邦文化出版：家庭傳媒城邦分公司發行, 2016.07
面；　公分. -- (好家教系列；SH0075X)
譯自：Liking the child you love : build a better relationship with your kids—even when they' re driving crazy

ISBN 978-986-120-261-7(平裝)

1. 親職教育 2.子女教育

528.2　　　　99015548

教孩子，可以不生氣【全新修訂版】

Liking the child you love

作　　者／傑佛瑞・伯恩斯坦（Jeffrey Bernstein）
譯　　者／鄭清榮
選　　書／林小鈴
企劃編輯／蔡意琪

行銷企劃／洪沛澤
行銷經理／王維君
業務經理／羅越華
總 編 輯／林小鈴
發 行 人／何飛鵬
法律顧問／台英國際商務法律事務所 羅明通律師
出　　版／新手父母出版　城邦文化事業股份有限公司
台北市中山區民生東路二段 141 號 8 樓
電話：(02) 2500-7008　　傳真：(02) 2502-7676
E-mail：bwp.service@cite.com.tw
發　　行／英屬蓋曼群島商家庭傳媒股份有限公司城邦分公司
台北市中山區民生東路二段 141 號 4 樓
讀者服務專線：(02)2500-7718；(02)2500-7719
24 小時傳真服務：(02)2500-1990；(02)2500-1991
讀者服務信箱：E-mail：service@readingclub.com.tw
劃撥帳號：19863813　　戶名：書虫股份有限公司

香港發行所／城邦（香港）出版集團有限公司
香港灣仔駱克道 193 號 東超商業中心 1 樓
電話：(852) 2508-6231　　傳真：(852) 2578-9337
E-mail：hkcite@biznetvigator.com
馬新發行所／城邦（馬新）出版集團 Cite(M) Sdn. Bhd. (458372 U)
11, Jalan 30D/146, Desa Tasik, Sungai Besi,
57000 Kuala Lumpur, Malaysia.
電話：(603) 90563833　　傳真：(603) 90562833

封面設計／江儀玲
內頁排版／劉鵑菁
製版印刷／卡樂彩色製版印刷有限公司

2010 年 10 月 08 日初版 4 刷
2016 年 07 月 19 日修訂版　　Printed in Taiwan
定價／300 元

城邦讀書花園 www.cite.com.tw

ISBN 978-986-120-261-7
EAN 471-770-209-398-3

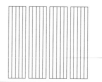

廣 告 回 信
台灣北區郵政管理局登記證
北台字第10158號
免 貼 郵 票

104 台北市民生東路二段 141 號 8 樓

城邦文化事業（股）公司

新手父母出版社

地址

姓名

請沿虛線摺下裝訂，謝謝！

新手父母

書號：SH0075X　書名：教孩子，可以不生氣【全新修訂版】

新手父母出版　讀者回函卡

新手父母出版，以專業的出版選題，提供新手父母各種正確和完善的教養新知。為了提昇服務品質及更瞭解您的需要，請您詳細填寫本卡各欄寄回（免付郵資），我們將不定期寄上城邦出版集團最新的出版資訊，並可參加本公司舉辦的親子座談、演講及讀書會等各類活動。

1. 您購買的書名：____________________
2. 您的基本資料：
   姓名：____________________（□小姐 □先生）生日：民國___年___月___日
   郵件地址：____________________
   聯絡電話：____________________
   E-mail：____________________ □有小孩_____個（_____歲）□尚無小孩
3. 您從何處購買本書：__________縣市__________書店
   □書展 □郵購 □其他____________________
4. 您的教育程度：
   1.□碩士及以上 2.□大專 3.□高中 4.□國中及以下
5. 您的職業：
   1.□學生 2.□軍警 3.□公教 4.□資訊業 5.□金融業 6.□大衆傳播 7.□服務業
   8.□自由業 9.□銷售業 10.□製造業 11.□食品相關行業 12.□其他__________
6. 您習慣以何種方式購書：
   1.□書店 2.□網路書店 3.□書展 4.□量販店 5.□劃撥 6.□其他__________
7. 您從何處得知本書出版：
   1.□書店 2.□網路書店 3.□報紙 4.□雜誌 5.□廣播 6.□朋友推薦
   7.□其他__________
8. 您對本書的評價（請填代號 1非常滿意 2滿意 3尚可 4再改進）
   書名_______ 內容_______ 封面設計_______ 版面編排_______ 具實用性_______
9. 您希望知道哪些類型的新書出版訊息：
   1.□懷孕專書　2.□0~18 歲教育專書　3.□0~12 歲養育專書
   4.□知識性童書　5.□兒童英語學習　6.□故事 童書
   7.□親子遊戲學習　8.□其他
10. 您通常多久購買一次親子教養書籍：
   1.□一個月 2.□二個月 3.□半年 4.□不定期
11. 您已買了新手父母其他書籍：
   ____
   ____
12. 您對我們的建議：
   ____
   ____
   ____

爸媽必讀・作者暢銷著作

臺灣爸媽高度推崇的教養『勝』經

10 天內，培養專注力小孩

【暢銷修訂版】

★ Amazon 網站讀者 5 顆星最高評價
★ 隨書附：專注力檢測表＆重點便利貼

全面規劃，方法具體，循序漸進的 10 天計畫，
對症下藥，執行容易，超過 150 個有效方法。
冷靜、堅決、不掌控，協助孩子改善注意力不集中，
愛與鼓勵，能培養孩子克服困境、展翅高飛的勇氣，
讓孩子：上課專心、作業順利完成、不被同學排擠……

平裝／ 14.8 ×21 CM
單色印刷／ 320 頁／定價 280 元

簡單實用的 10 天計畫，有效改善孩子行為偏差

10 天內，孩子不再是小霸王！

【全新增訂版】

★ 全新收錄：符合現今世代的教養方針
★ 歸納上千臨床經驗，專門為 4 ～ 18 歲孩子設計

你的孩子：愛頂嘴、發脾氣、情緒化、罵髒話、唱反調？
你對親子間衝突一觸即發而苦惱、沮喪、不知如何是好？
每天幾分鐘，學會管教的祕訣，終止親子之間的戰爭，
不咆哮、少爭執、多鼓勵、勤關懷是相處的不二法門，
加入愛與理解的管教，將建立正面、穩固的親子關係。

平裝／ 14.8 ×21 CM
單色印刷／ 384 頁／定價 340 元

延伸閱讀

孩子講不聽，就用『獎』的試試看

善用獎懲的教養新配方

「懲罰」及時且直接矯正孩子的偏差行為，
「獎勵」讓孩子知道自己被肯定、有價值。
過度依賴講理，只會讓孩子面臨更多危險的處境，
所以，孩子講不聽時，「有限體罰」是必要之惡。
但即使孩子的表現真的很差，或問題行為一大堆，
爸媽還是得盡量找出他的優點，並用獎勵來延續。

屏東基督教醫院心理治療師
楊順興　著
平裝／ 14.8 ×21 CM
單色印刷／ 288 頁／定價 300 元

職能治療師親自傳授：讓孩子專心的妙招

阿鎧老師 5 分鐘玩出專注力

【暢銷增訂版】

★蟬聯博客來、金石堂親子共享類排行榜
★隨書贈送：全新專注力持續加強版遊戲小書

你的孩子：剛學過、剛交代的東西，一下子就忘光光？
或做事拖拉、無章法、低效率，易受外界影響而分心？
專業職能治療師協助爸媽找出孩子不專心的原因，
並傳授您醫生沒時間教，老師沒透露的訓練訣竅。
48 個教養新觀念與新做法＋ 20 種專注力小遊戲，
讓孩子打好學習基礎，能專心地看、聽、讀、寫。

兒童職能治療師
張旭鎧　著
平裝／ 14.8 ×21 CM
雙色印刷／ 304 頁／定價 320 元